Las mujeres de la Biblia nos hablan

SHANNON BREAM

Las

MUJERES

de la

BIBLIA

nos

HABLAN

**La sabiduría de 16 mujeres
y sus lecciones para hoy**

ORIGEN

Penguin
Random House
Grupo Editorial

Título original: *The Women of the Bible Speak*

Primera edición: marzo de 2023

Publicado bajo acuerdo con Broadside Books, un sello de HarperCollins Publishers.

Traducción: Analía Pisani
Diseño de cubierta: Adaptación del diseño original de Caroline Johnson por PRHGE
Imágenes de cubierta: iStock / Getty Images Plus (flores),
© Anatartan / Getty Images (ornamento)

A menos que se indique lo contrario, todas las citas bíblicas fueron tomadas de la Santa Biblia, Nueva Versión Internacional, NVI, ©1973, 1978, 1984, 2011.

Impreso en Colombia / *Printed in Colombia*

ISBN: 978-1-64473-757-6

23 24 25 26 27   10 9 8 7 6 5 4 3 2

A mis abuelas, Nell y Margaret,
cuyas historias compiten con las que se
hallan en estas páginas: su fe profunda me ha
inspirado a creer que Dios está presente en
cada valle y en la cima de cada montaña.
Las amo muchísimo.

Fuerza y honor son su vestidura;
Y se ríe de lo por venir.
—Proverbios 31:25

Contenido

Introducción

"Esta vez será diferente. Tiene que serlo".

A menudo me pregunto qué pasaba por la mente de la mujer cuya historia es tan impactante que está entretejida en los tres evangelios, y, sin embargo, no sabemos su nombre. Aun así, abundan los detalles sobre lo terrible de su situación. Había sufrido de hemorragias por doce años. Durante ese tiempo, debe haber pasado momentos de total desaliento.

En la época en que vivió, su aflicción debe haberle causado, además de dolor físico, aislamiento emocional. Según la costumbre, esta mujer seguramente no podía adorar en el templo, y muchos deben haberla considerado impura. Es probable que esto significara que no podía tocar a sus seres más queridos: su propia familia y amigos. Debe haber tenido prohibida la visita a los mercados o la búsqueda de contactos en la comunidad.

Marcos nos cuenta que "había sufrido mucho de muchos médicos, y gastado todo lo que tenía, y nada había aprovechado, antes le iba peor" (Marcos 5:26). Después de tantos años, tantos callejones sin salida, debe haber habido momentos en que pensara que su historia terminaría de esta manera: sin esperanza y sin ayuda.

Sin embargo, Marcos luego agrega que "oyó hablar de Jesús" (Marcos 5:27). Eso era lo único que esta mujer abatida necesitaba para avanzar.

Las noticias sobre los milagros de Jesús se habían difundido a lo largo y a lo ancho, y las multitudes a menudo lo seguían, empujándolo por todos lados, ansiosos por escuchar sus palabras y ver si podía hacer una diferencia en sus vidas. Las historias dieron origen a una diminuta semilla de esperanza en el corazón de la mujer, un pequeño brote verde que le dio el coraje para asumir un gran riesgo. Mateo traza su estrategia: "porque decía dentro de sí: Si tocare solamente su manto, seré salva" (Mateo 9:21).

Entonces, en eso consistía todo el plan: acercarse a Jesús lo más posible, tocar su manto y recibir un milagro. ¡Atrevido! Recordemos que es probable que ni siquiera se le permitiera salir de su casa, seguramente no podía estar en una multitud en donde estaría en contacto con otras personas, sin mencionar al mismo Jesús. En su desesperación, debe haber sentido que no le quedaban opciones.

Cuando finalmente llegó a donde estaba el Maestro, Él iba a atender el pedido de un hombre poderoso que le había rogado salvar a su hija moribunda. Como solía suceder, esto atrajo espectadores. Marcos lo describe como una "gran multitud" que "le apretaban" (Marcos 5:24). La mujer enferma se las ingenió para acercarse lo suficiente al hacedor de milagros del que había escuchado tanto.

Lucas comparte este momento impactante con el lenguaje más simple, y escribe: "Se le acercó por detrás y tocó el borde de su manto; y al instante se detuvo el flujo de su sangre" (Lucas 8:44).

Marcos dice: "Y en seguida la fuente de su sangre se secó; y sintió en el cuerpo que estaba sana de aquel azote" (Marcos 5:29). ¡Eso fue todo! Pero la historia no termina allí.

Jesús sabía lo que había pasado. Miró a la multitud y le preguntó a sus discípulos quién lo había tocado. Casi se puede escuchar la risa en la voz de Pedro al responder: "Maestro, la multitud te aprieta y oprime, y dices: ¿Quién es el que me ha tocado?" (Lucas 8:45). Esta es la cuestión: la mujer sabía que un hombre tan poderoso que el mero contacto con su ropa la sanaría, seguramente podría descubrir quién había sido curado.

Tanto Marcos como Lucas nos dicen que fue a Jesús "temiendo y temblando", cayó de rodillas ante Él y "le dijo toda la verdad". ¿Temía ser expuesta como una infractora impura que ni siquiera debería estar allí? Jesús no la regañó ni la humilló frente a la gran multitud que se aferraba a cada una de Sus palabras. Él era el único que podía haber sabido, en ese momento, cuánto había sufrido ella, o cómo había juntado, con coraje y humildad, todas sus esperanzas en el simple acto de tocar el dobladillo de su ropa. En todos los relatos del Evangelio, Él la llama "hija" y le dice "tu fe te ha sanado". Pensemos por un momento cómo deben haber conmovido esas palabras a alguien que probablemente vivía como un marginado. Dichas, como fueron, ante las multitudes que se aferraban a cada una de las palabras de Jesús, deben haber implicado la aceptación pública.

Aunque *su poder* era evidentemente la fuente de la sanidad, Jesús identificó *su fe* como la que activó la sanación. Después de más de una década de sufrimiento, malas noticias, y ruina financiera, finalmente ella era libre, sanada en un instante, todo por haberse atrevido a acercarse a Él para que la ayudara, cuando todas las rutas terrenales habían terminado en nada más que pérdida y desesperación.

Para muchos de nosotros, 2020 fue un año lleno de dolor: físico, financiero, emocional y mental. Muchas veces nos sentimos aislados, alejados de nuestros seres queridos, y desconectados de nuestras casas de adoración y el sentido de comunidad que brindan. Hubo adversidades que, en toda una vida, no podríamos haber imaginado que sucederían. Dificultades apiladas una arriba de la otra. Y sin embargo... hubo esperanza. Hubo refugio. Hubo inspiración y sanidad.

En toda la Biblia, las mujeres están en el centro de algunos de los eventos más cruciales. Fueron audaces y valientes, encontraron coraje en los momentos en los que todo pendía de un hilo. Fueron la voz de la verdad y la razón. Fueron firmes y creativas, siguieron la dirección de Dios cuando no tenía sentido según los estándares del mundo.

En este libro, escucharás sus historias, verás a las mujeres cobrar vida mientras indagamos en el significado de su existencia. En forma individual, sus relatos son impactantes. Aun así, las estudiaremos de a dos, descubriendo semejanzas en sus llamados y desafíos. Algunas de ellas se conocían. Otras solo estaban conectadas por el hilo de un propósito común, uno que se ilumina más cuando estudiamos a una mujer junto a la otra. Oro para que encuentres consuelo y esperanza al recorrer este camino conmigo.

Las mujeres de la Biblia nos hablan

~୨୧~

Sara y Agar:
Mujeres de pacto

~୨୧~

Sara

(GÉNESIS 11:27-12:20; 16:1-6; 17:15-19; 18:1-15;
20:1-18; 21:1-13; 23:1-9)

Los sucesos de la vida de Sara se asemejan a una historia de aventuras, llena de idas y vueltas: se asentó en su vida cuando su esposo, de pronto, le anunció que le pondrían fin a todo lo conocido para salir de su zona de confort. Administró un hogar adinerado con una familia ensamblada muy complicada; y eso no es todo. No tuvo hijos propios, y aun cuando Dios le dio una promesa específica, se rio porque pensó que era imposible. Debe haber estado muy sorprendida cuando lo totalmente inconcebible, finalmente, se volvió realidad para ella; pero ¡ups!, había perdido totalmente el rumbo cuando tomó el asunto en sus propias manos.

La Biblia cuenta que, en dos oportunidades, Abraham negó ser el marido de Sara para protegerse cuando un gobernante poderoso tan solo advirtió lo bella que era, la quiso para él mismo. En el caso relacionado con Faraón, ¡Sara casi tenía sesenta y cinco años! Pensemos en lo duradera que debe haber sido su extraordinaria belleza para llamar tanto la atención, incluso cuando estaba comenzando sus años dorados.

Aunque desconocemos muchos detalles de Sara, sí sabemos esto: definitivamente no creía en hombres de túnicas brillantes que le decían a mujeres de noventa años que tendrían bebés.

Entonces, ¿quién era ella, más allá de estos datos curiosos? Al leer la historia de Abraham y Sara, es difícil no enfocarse en Abraham. Después de todo, él era el que había recibido el llamado de Dios: "Vete de tu tierra y de tu parentela, y de la casa de tu padre, a la tierra que te mostraré" (Génesis 12:1). Es el primer indicio que tenemos de que esta tierra que Dios le mostraría, la tierra prometida, jugaría un papel fundamental en la historia de la salvación. Pero junto con las promesas a Abraham, Dios varias veces deja en claro que Sara será una pieza clave, que "vendrá a ser madre de naciones; reyes de pueblos vendrán de ella" (Génesis 17:16).

Si Sara se opuso a su viaje, la Escritura no lo registra. Para evitar el hambre, ella y Abraham viajaron desde Ur a Harán, de Harán a Canaán, y luego, de Canaán a Egipto. Sara apoyó a su esposo durante la disputa con su sobrino Lot, y durante la batalla siguiente con los cinco reyes de Canaán, cuando tuvo que acudir a rescatar a Lot. En Egipto, fue lo suficientemente bella como para atraer la atención de Faraón, lo que indujo a Abraham a eludir la verdad sobre quién era realmente ella.

Si te estás preguntando por qué Abraham se sintió obligado a mentir, recordemos que era un refugiado que viajaba por territorio extranjero. Era una época en que los gobernantes poderosos podían reclamar a las mujeres hermosas simplemente porque las querían. Un esposo que se quejara podía pagar con su vida, una consecuencia de la que Abraham debe haber estado muy consciente.

Al final, el hombre conmovido por la belleza de Sara la rechazó cuando se dio cuenta de que estaba casada. Dios mismo intervino directamente para protegerla; envió plagas, en el caso de Faraón, y visitó a Abimelec con una advertencia. El miedo de Abraham puso a Sara en peligro y además colocó a los otros hombres en una posición en la que podrían haber pecado contra Dios. El engaño de Abraham no ayudó a nadie, y su comportamiento nos dice algo sobre su carácter: a veces era temeroso y débil. En retrospectiva, es bastante sorprendente que Dios eligiera a un hombre como Abraham para ser el patriarca de su pueblo elegido, pero quizás lo hizo para demostrar su poder a través de la imprudencia de Abraham. Como resalta Pablo en 2 Corintios 12:9, el poder de Dios "se perfecciona en la debilidad" y en 1 Corintios 1:27, que "lo necio del mundo escogió Dios, para avergonzar a los sabios; y lo débil del mundo escogió Dios, para avergonzar a lo fuerte".

En cualquier caso, la debilidad de carácter de Abraham tuvo una marcada influencia en su matrimonio, y a menudo me pregunto cómo se habrá sentido Sara al ser puesta en peligro potencial por las decisiones de él.

La misma Sara permanece silenciosa hasta el capítulo 16 de la narrativa, cuando, por primera vez, tiene algo para decir:

> Sara mujer de Abraham no le daba hijos; y ella tenía una sierva egipcia, que se llamaba Agar. Dijo entonces Sara a Abraham: Ya ves que Jehová me ha hecho estéril; te ruego, pues, que te llegues a mi sierva; quizá tendré hijos de ella. Y atendió Abraham al ruego de Sara (Génesis 16:1-2).

Es casi como si Sara estuviera diciendo: *Bueno, espera un poco. No dije nada cuando nos arrastraste cientos de millas, desde Caldea a Canaán, a Egipto y luego de vuelta. No dije nada mientras hablabas sobre este pacto con Dios que, de alguna manera crees que tienes, y de las promesas especiales que dices que Dios te hizo. Pero he visto que nada de esto sucedió, y si vamos a tener un heredero, entonces me conviene tomar el asunto en mis propias manos ahora.*

La primera vez que escuchamos la voz de Sara, tiene un plan, pero nosotros, los lectores, sabemos que no es el plan de Dios. Sabemos que Dios está entretejiendo una historia compleja que protagonizará Isaac, pero Sara sigue siendo escéptica. Justo en el capítulo anterior, Dios le promete a Abraham: "No te heredará este, sino un hijo tuyo será el que te heredará" (Génesis 15:4). Dios le había mostrado el cielo estrellado, y le prometió que sus descendientes serían como las estrellas del cielo: incontables. Abraham estaba rendido. En el momento en que Dios dijo: *salta*, Abraham dijo: *¿hasta qué altura?* Pero bastante segura de que todo esto pasaría, Sara quería evidencias. Parece que ella era la persona práctica de la relación. No carecía de fe, pero tampoco era precisamente confiada. Entonces, vino con la "solución" a lo que veía como el problema de la promesa no cumplida de Dios. Siguiendo una costumbre del antiguo Medio Oriente, Sara diseñó un plan para tener un heredero: envió a Abraham a acostarse con su "sierva" para poder "tener hijos por medio de ella".

Pero como a veces sucede cuando dejamos de confiar en el plan de Dios y tomamos nuestro propio rumbo, las cosas salieron muy mal. En el momento en que Agar pudo concebir, la relación entre las dos mujeres se derrumbó. En la Biblia, Sara se queja ante Abraham: "Mi afrenta sea sobre ti; yo te di mi sierva por mujer, y viéndose encinta, me mira con desprecio; juzgue Jehová entre tú y yo" (Génesis 16:5). Es probable que Agar valorará más su embarazo que a Sara. Génesis 16:4

lo traduce para mostrarnos que Agar consideraba que Sara era menos importante por ser estéril.

Entonces, Agar, mucho más joven, era la única que llevaba un hijo de Abraham. Debe haber resultado natural para Agar suponer que su relación, tanto con Sara como con Abraham, había cambiado. Su posición obviamente había mejorado, y como madre del único heredero de Abraham, tenía el futuro asegurado.

Entonces, ¿cuál fue la reacción de Abraham a las noticias de que la sirvienta, ahora embarazada, de su esposa, la despreciaba? ¿Procuró la calma? ¿Trató de escuchar ambos lados de la disputa? No exactamente. Abraham le dijo a su esposa: "He aquí, tu sierva está en tu mano; haz con ella lo que bien te parezca" (Génesis 16:6).

Esta es la segunda vez que vemos a Abraham someterse a los deseos de su esposa, aunque sabemos que Sara está equivocada. Su relación ahora cobra más importancia, y se trata de una relación complicada, caracterizada por momentos en los que ella dice lo que siente y otras veces en que sigue, en silencio, el liderazgo de él. En esta instancia, Abraham intentó restaurar la paz de su vínculo con Sara, destruyendo la relación con Agar, que estaba embarazada. *Haz con ella como mejor te parezca*, le dijo a su esposa, y Sara así lo hizo. La Biblia nos cuenta que Sara "afligía" a Agar (Génesis 16:6). Son las mismas palabras que la Biblia usa en Éxodo para la forma en que los egipcios trataban a los esclavos judíos, con el significado de opresión y trabajo forzado. Abraham le dio a Sara autoridad completa sobre Agar, sabiendo lo que significaría para la sirvienta, y se mantuvo al margen mientras Sara abusaba de la mujer embarazada impunemente.

Al leer cualquier memoria o historia sobre la esclavitud en América del Sur o el Caribe, encontramos relatos que detallan lo desgarrador que era el maltrato hacia las mujeres embarazadas. Nos resulta imposible, como lectores modernos, sentir algo de empatía por Sara en este punto. Pero al igual que los hombres de la Biblia, las mujeres de la Biblia son complicadas. No son, en sentido amplio, ni completamente buenas, ni completamente malas; simplemente son personas en toda su incómoda y caótica humanidad. Y es cuando podemos verlas en su completa humanidad que Dios nos puede enseñar algo sobre nosotros mismos.

La próxima vez que escuchamos de Sara, nuevamente se muestra escéptica al plan de Dios. En una de las historias más enigmáticas de la Biblia, Dios se le aparece a Abraham en su tienda cerca del encinar que pertenecía a Mamre y le dice que Sara tendrá un hijo. La historia resulta extraña porque el primer versículo del capítulo dice que "le apareció Jehová" a Abraham, pero luego en la misma oración dice que vio a "tres varones que estaban junto a él" (Génesis 18:1-2). Sea lo que fuere que sucedió en Mamre, está claro que fue una visita muy inusual. Y esta vez, no era solo a Abraham que Dios había venido a ver.

> Y le dijeron: ¿Dónde está Sara tu mujer? Y él respondió: Aquí en la tienda. Entonces dijo: De cierto volveré a ti; y según el tiempo de la vida, he aquí que Sara tu mujer tendrá un hijo (Génesis 18:9-10).

Era un mensaje para Sara, fuerte y claro. Cuando Dios se le había aparecido a Abraham antes, le había dicho que él tendría un hijo proveniente de su cuerpo. Esta vez, fue más explícito: sería un hijo proveniente del cuerpo de Abraham y del de Sara. Ella es fundamental en esta narrativa del pacto. Es igualmente receptora de la promesa, y es casi como si Dios le estuviera diciendo: *¡Presta atención esta vez!*

Sara lo hizo, y su reacción fue inmediata: ¡se rio! Se rio. Una de las reacciones más extraordinarias a una revelación de Dios registradas en la Biblia. Sin embargo, no olvidemos que, solo un capítulo antes, Abraham estaba igual de incrédulo:

> Entonces Abraham se postró sobre su rostro, y se rio, y dijo en su corazón: ¿A hombre de cien años ha de nacer hijo? ¿Y Sara, ya de noventa años, ha de concebir? (Génesis 17:17).

Para ese momento, Sara había puesto fin a todas las revelaciones, todas las promesas. Ya había tenido suficiente. Había esperado el tiempo suficiente, había tratado por mucho tiempo, había torcido su vida demasiadas veces. ¡Ya basta! Entonces, cuando llegó la gran revelación, se rio. *Cuéntame otra*, pensó Sara.

Y Dios tomó nota.

"¿Por qué se ha reído Sara diciendo: ¿Será cierto que he de dar a luz siendo ya vieja?" (Génesis 18:13), preguntó. "¿Hay para Dios alguna cosa difícil?" (Génesis 18:14). Podemos imaginarnos a Abraham pasando por distintos tonos de rojo brillante por la vergüenza durante el intercambio. Sara también se apresuró a arreglarlo. Niega haberse reído, pero Dios le responde: "No es así, sino que te has reído" (Génesis 18:15). El momento cumbre de la revelación de Dios a Abraham se había transformado en la cena más desastrosa del mundo.

Escuchamos la voz de Sara una vez más en el texto cuando nace Isaac, nueve meses después:

> Visitó Jehová a Sara, como había dicho, e hizo Jehová con Sara como había hablado. Y Sara concibió y dio a Abraham un hijo en su vejez, en el tiempo que Dios le había dicho.

Y llamó Abraham el nombre de su hijo que le nació, que le dio a luz Sara, Isaac. Y circuncidó Abraham a su hijo Isaac de ocho días, como Dios le había mandado. Y era Abraham de cien años cuando nació Isaac su hijo. Entonces dijo Sara: Dios me ha hecho reír, y cualquiera que lo oyere, se reirá conmigo. Y añadió: ¿Quién dijera a Abraham que Sara habría de dar de mamar a hijos? Pues le he dado un hijo en su vejez (Génesis 21:1-7).

La risa de Sara se había transformado: primero en el nombre del niño y luego en gozo. ¿También se reía de su propia incredulidad y de la renovación de su fe a través del suceso milagroso? La risa que primero intentó negar ahora se había transformado en un objeto de conmemoración en el nombre mismo de su hijo: "Isaac", o "Yitzhak" en hebreo, que significa "risa". Pero la risa ya no es una risa de incredulidad sarcástica y burlona. Ahora es risa de gozo, y Sara invita a otros a que lo compartan con ella. Es la risa de las expectativas que se revirtieron, de la resurrección, de la esperanza del renacimiento a la nueva vida. Y el nombre de su hijo es la forma en que le asiente a Dios, reconoce, no solo que Dios tenía razón y ella estaba equivocada, sino también que ella, estaba igualmente incluida en el pacto y que ella también era destinataria de la promesa.

Sería maravilloso terminar la historia de Sara aquí, pero no es el lugar en donde la deja la Escritura. Porque la historia de Sara está entrelazada con la de Agar desde el comienzo hasta el final, desde las primeras palabras de Sara en el texto, cuando ofrece su sierva a Abraham, hasta las últimas, cuando arroja a Agar e Ismael al desierto. Lejos de sentirse más calmada y confiada en Dios y en ella luego del nacimiento de Isaac, Sara parece estar en alerta máxima.

Cuando Isaac tenía tres años, la edad tradicional para el destete, Génesis 21 nos cuenta que Sara vio que su hermano mayor, Ismael, "se burlaba". La Biblia no nos dice nada más. Algo de lo que vio desencadenó un nuevo contraataque de Sara. ¿Sentía que la presencia de Ismael hacía que su hijo se sintiera menos especial, menos extraordinario? Después de todo, ¿Ismael no era hijo de Abraham también? ¿Y quién podría asegurar que, pasados los años, Ismael no se pusiera celoso, o se llenara de odio y amenazara a su hijo amado? Como vemos una y otra vez, en las relaciones polígamas de los documentos bíblicos, los celos y la división estaban presentes casi siempre entre los integrantes de las familias.

Sara le dice a Abraham: "Echa a esta sierva y a su hijo, porque el hijo de esta sierva no ha de heredar con Isaac mi hijo" (Génesis 21:10).

¿Esta vez Sara había ido demasiado lejos al pedirle a Abraham que pusiera fin a la relación con su hijo mayor, que lo enviara lejos para no verlo nunca más? ¿Cómo podía pedir algo así?

Pero nada sorprende a Dios, ni es un obstáculo para sus planes, y Él tranquilizó a Abraham. No le dijo que Sara tenía razón, pero sí le anticipó que Ismael sería una gran nación, y lo sería bajo su protección. Entonces, con esa promesa, es probable que Abraham se sintiera seguro de que no le sucedería ningún daño al niño ni a su madre, y que, para garantizar la paz en su familia, sería mejor enviarlo lejos. Entonces, al desierto partieron Agar e Ismael, a un destino desconocido para Sara o Abraham.

No volvemos a escuchar la voz de Sara, aunque otras voces de la Escritura se refieren a ella. Se dice que fue madre por "la palabra de la promesa" (Romanos 9:9) y que "creyó que era fiel quien lo había prometido" (Hebreos 11:11) y Pedro la menciona como modelo de esposa (1 Pedro 3:6).

Hay otro evento importante registrado en la vida de Abraham y Sara, antes de que la narrativa pase a la siguiente generación. Dios tiene en mente una prueba para Abraham: le pide que lleve al hijo que le queda, el hijo del pacto y de la promesa, su hijo Isaac y lo ofrezca en sacrificio humano. Nos resulta difícil imaginar que nos pidan que hagamos lo mismo con nuestros hijos amados, pero no olvidemos lo que Abraham ya había presenciado: la fidelidad inagotable de Dios. Ya había comprobado que Dios cumplió su promesa, dándole un bebé recién nacido a un anciano de cien años y su esposa de noventa. Hebreos 11:17-19 nos da una idea de lo que Abraham podría haber estado pensando:

> Por la fe Abraham, cuando fue probado, ofreció a Isaac; y el que había recibido las promesas ofrecía su unigénito, habiéndosele dicho: En Isaac te será llamada descendencia; pensando que Dios es poderoso para levantar aun de entre los muertos, de donde, en sentido figurado, también le volvió a recibir.

Como Abraham ya había escuchado las promesas de Dios y las había visto volverse realidad, Hebreos sugiere que Abraham creía que, aun si tuviera que sacrificar a Isaac, Dios podría traerlo de nuevo a la vida.

¿Le dijo Abraham a Sara lo que iba a hacer? Esa es una excelente pregunta. No le dijo a Isaac, lo cual es comprensible. No solo necesitaba la sumisión de su hijo, sino que tampoco deseaba asustarlo.

La historia de Abraham que avanza hasta el punto donde Dios le pidió que sacrificara a Isaac es difícil de leer. Ahora conocemos el final, pero en esas horas y en esos días, Abraham no podría haber sabido cómo se desenvolverían los hechos. Génesis 22:5 revela su profunda fe durante el viaje:

> Entonces dijo Abraham a sus siervos: Esperad aquí con el asno, y yo y el muchacho iremos hasta allí y adoraremos, y volveremos a vosotros.

Expresa su clara convicción de que los dos volverán juntos, a pesar de lo que Dios le está pidiendo.

Isaac debe haber estado desconcertado, aun atemorizado hasta cierto punto, cuando Abraham continuó para tomar el cuchillo y "degollar a su hijo".

> El ángel de Jehová le dio voces desde el cielo, y dijo: Abraham, Abraham. Y él respondió: Heme aquí. Y dijo: No extiendas tu mano sobre el muchacho, ni le hagas nada; porque ya conozco que temes a Dios, por cuanto no me rehusaste tu hijo, tu único (Génesis 22:10-12).

Y luego, por supuesto, el balido del carnero en el matorral, rescatado de prisa para convertirse en el sacrificio en lugar de Isaac. El dramatismo intenso la convierte en una historia incomparable, pero Sara no vio nada de eso. Todo sucedió fuera de su vista y, probablemente, de su conocimiento.

Si Dios hubiera probado a Sara de la misma manera, ¿qué habría hecho ella? Por lo que sabemos de Sara, es difícil creer que habría ensillado aquel asno y llevado a su hijo para ser sacrificado. Es difícil imaginar a cualquier madre que haya dado a luz un hijo de su cuerpo asentir a eso. ¿Cómo reaccionamos nosotros cuando nuestra fe es puesta a prueba, ya sea mediante períodos de duda y desesperación, la muerte de algún ser querido, la infertilidad o la ruina financiera? A menudo se nos pide estar *dispuestos* a sacrificar lo que consideramos más valioso. ¿Nosotros, al igual que Abraham, procedemos con fe o buscamos nuestra propia salida? Sara, que anhelaba tan desesperadamente su propio hijo, tomó una decisión que alteró la historia para siempre. Y, sin embargo, Dios la eligió para ser la realización humana de su pacto con Abraham, pues dice que Sara "os dio a luz" (Isaías 51:2). Nuevamente, a pesar de nuestras fallas, podemos ser usados por nuestro Padre celestial para ser parte de sus propósitos más elevados. Sara es la ilustración perfecta de esa verdad compleja y hermosa.

Agar

(GÉNESIS 16:1-16, 21:8-21)

De todas las mujeres que estamos estudiando en este libro, Agar es la única que no es libre. Muchas traducciones de la Biblia definen su condición como "sierva", que la hace parecer como alguien que aparecía periódicamente para hacer la limpieza. Aunque el lenguaje que usa Génesis 16 sugiere que es una sirvienta confiable de Sara, en Génesis 21 el vocabulario cambia para indicar que Agar, para ese entonces, es vista como una mera esclava. No era libre para ir y venir como quisiera, sino que era propiedad de su ama, Sara. Esta es la característica imperante en la vida de Agar y la que le da color a todo lo demás que sabemos sobre ella y su situación.

La Biblia nos cuenta que Agar es egipcia. Tiene sentido pensar que Sara la adquirió cuando ella y Abraham vivieron en Egipto durante la época de hambruna descripta en Génesis 12:10, la misma época en que engañaron a Faraón diciéndole que Sara era la hermana de Abraham y no su esposa. Es posible que Abraham y Sara fueran personajes de cierta posición económica y poder durante su permanencia en Egipto. Después de todo, la mayoría de las personas que viajaban a ese país probablemente no se preocupaban por lo que le dirían a Faraón, ya que los ciudadanos comunes generalmente no se mezclaban con la realeza. Sin embargo, Génesis 12:15 nos dice que es la majestuosa apariencia de Sara lo que atrae la atención de alto nivel. Una persona con riqueza disponible bien podría haber adquirido esclavos en Egipto, que luego habría transportado consigo de vuelta a Canaán. Y Agar no parecía ser una simple esclava, contratada para atender los camellos y cocinar; era la asistente personal de la esposa de Abraham, Sara.

Los hechos que conocemos de la vida de Agar son pocos y simples.

Fue ofrecida a Abraham como concubina por Sara. Como sierva, no se habría solicitado su opinión en el asunto. Ella dio a luz al hijo primogénito de Abraham, Ismael, y luego se enredó en una relación combativa con Sara, siendo obligada a huir no una, sino dos veces; primero estando embarazada y luego, de nuevo (para bien), después del nacimiento del hijo de Sara. Estos breves datos atroces hacen que nos resulte difícil no sentir compasión por ella.

Pero la vida de Agar (y sus repercusiones) abarca mucho más que lo que le sucede en las páginas de Génesis. La historia continúa. El mismo Pablo, en Gálatas, muestra cómo su vida ilustra lecciones importantes para los cristianos:

> Porque está escrito que Abraham tuvo dos hijos; uno de la esclava, el otro de la libre. Pero el de la esclava nació según la carne; mas el de la libre, por la promesa. Lo cual es una alegoría, pues estas mujeres son los dos pactos; el uno proviene del monte Sinaí, el cual da hijos para esclavitud; esta es Agar. Así que, hermanos, nosotros, como Isaac, somos hijos de la promesa. De manera, hermanos, que no somos hijos de la esclava, sino de la libre (Gálatas 4:22-24, 28, 31).

Pablo bosqueja una ecuación simple pero impactante: Agar y su hijo representan una condición de esclavitud; Sara y su hijo representan la libertad. Para Pablo, el cristianismo significa libertad, y cumplir con la ley judía significa esclavitud. La ley era buena, pero no tenía poder para liberar a la raza humana de la esclavitud del pecado. Fue la promesa del pacto, que pasaba por Sara e Isaac, la que trajo la libertad a través de Cristo. Aquí Pablo les está hablando a los cristianos gentiles que se convirtieron a Cristo, pero preguntaban si también debían cumplir con la ley judía. *¿Qué están haciendo?*, les dice Pablo. *Ya tienen todo lo que necesitan para la salvación, ¡no necesitan estar agregándose cargas a ustedes mismos!* Pablo reprende a algunos que se infiltraron en la iglesia de Galacia, argumentando que los creyentes no solo necesitaban confiar en Cristo, sino también cumplir con todas las antiguas leyes y tradiciones judías. Impulsa a los nuevos creyentes a ir más allá del significado literal del texto; a descubrir las verdades espirituales que hay dentro. Y en el proceso de hacerlo, Agar se convierte en un símbolo.

Para los cristianos que aman profundamente a Jesús y lo ven en todas partes, este tipo de lectura simbólica se transformó en la forma natural de ver a Cristo en las páginas de la Biblia. En 1 Corintios, Pablo habla sobre la roca milagrosa de la cual los hebreos bebieron cuando estaban en el desierto: "y todos comieron el mismo alimento espiritual, y todos bebieron la misma bebida espiritual; porque bebían de la roca espiritual que los seguía, y la roca era Cristo" (1 Corintios 10:3-4). Para esos primeros cristianos, Cristo y su verdad aparecía simbólicamente por doquier en la Escritura. ¡De pronto, las páginas de la Biblia se iluminaron! Los cristianos continuaron leyendo la Escritura de esta manera a través de las generaciones, y especialmente la historia de Agar. En escritos cristianos posteriores, Agar pasó a significar esclavitud, no solo de la ley, sino de la condición humana pecaminosa en su totalidad, la población de este mundo. Los no redimidos eran los "hijos de Agar", exiliados del cuerpo de Cristo y del mismo cielo.

En todas estas lecturas simbólicas, es fácil perder de vista a Agar como persona, porque antes de ser cualquier otra cosa, Agar era una persona, una mujer vulnerable sin ningún protector real en el mundo, una esclava que nunca tuvo opciones, una madre que quería vida y felicidad para su hijo. Si podemos separar a Agar de las capas de simbolismo apiladas encima de ella por las generaciones posteriores, podemos recuperar un poco el sentido de quién era y qué podría tener para decirnos hoy.

Encontramos a Agar en dos incidentes, y ambos se relacionan con su ama, Sara. Dios le había prometido hijos a Abraham, pero Sara no le había dado ninguno. Ahí fue que Sara concibió su plan de ofrecer a Agar como la concubina de Abraham, con la esperanza de brindarle un heredero legal. Después de quedar embarazada, la relación de Agar con Sara cambió. Se nos dice que cuando Agar supo de su embarazo, "miraba con desprecio a su señora" (Génesis 16:4). El hebreo aquí es tan enigmático como el español, pero parece que Agar consideraba a Sara inferior porque, mientras ella era fértil, su señora seguía siendo estéril.

El cambio de actitud de Agar es comprensible. Después de todo, la probabilidad es que no se le consultara sobre el hecho de convertirse en la concubina de Abraham en primer lugar, al igual que tampoco se le consultara sobre ser vendida a Sara y Abraham. Su vida y su cuerpo no le pertenecían. Llevar en su vientre el hijo de su señor era la primera oportunidad de tener algún tipo de libertad. De pronto, no era solo un objeto descartable. ¡Tenía valor! Pero esa importancia no era consecuencia de quién era ella, sino del niño que llevaba adentro. Debe haber sido agridulce darse cuenta de que, al final, sería una persona valiosa, pero que esa condición estaría ligada a su hijo, no a ella. Aun así, cualquier valor era mejor que ninguno. Agar debe haber supuesto que, desde ese momento en adelante, las cosas serían diferentes. Ella debe haber supuesto que el tipo de trabajo servil que hacía antes ya no sería necesario de una mujer que llevaba el hijo de su señor. Y Sara, que tan evidentemente no podía quedar embarazada del amo, debe haber estado resentida por eso, independientemente de lo que Agar hiciera.

Una y otra vez, la Biblia nos presenta la batalla contra la infertilidad. Veremos que esta tragedia se vuelve a presentar con Raquel y Lea, y en Ana. Para las mujeres de la Biblia, la infertilidad significaba más que simplemente el amor de un hijo. Significaba más que solo una manera para que la mujer consiguiera seguridad y estatus en el mundo. La fertilidad a menudo se consideraba como el mismo favor divino. Algunos creían que llevar un hijo era portar una marca del amor de Dios, y, en consecuencia, ser estéril era su señal de desagrado. Pero es importante resaltar que desde el momento en que Dios crea a Eva, ella es una persona valiosa porque es creada a su misma imagen. Ante los ojos de nuestro Padre Celestial, en nuestra calidad de mujer, somos apreciadas y honradas completamente, más allá del regalo de la maternidad. Hablaremos mucho más de Raquel, Lea y Ana en los capítulos siguientes.

¿Agar tuvo compasión de Sara cuando sufría esta agonía y humillación? No hay nada que indique que hubo algún tipo de amabilidad en su relación, ni de preocupación mutua. Cualquier lazo que hayan tenido probablemente se rompió con el embarazo de Agar. Sara maltrataba a su sierva embarazada y Agar hizo lo más sensato: huyó. Ella no era la única de la que tenía que encargarse; también estaba su hijo por nacer. Y Abraham dejó en claro que no estaba dispuesto a protegerla, aunque llevara en su vientre al hijo de él. Por eso Agar se fue al desierto, probablemente con la esperanza de encontrar una solución en ese lugar, otro rumbo para su vida, o algún tipo de escape. En cambio, lo que encontró fue el ángel del Señor:

Y la halló el ángel de Jehová junto a una fuente de agua en el desierto, junto a la fuente que está en el camino de Shur. Y le dijo: Agar, sierva de Sara, ¿de dónde vienes tú, y a dónde vas? Y ella respondió: Huyo de delante de Sara mi señora. Y le dijo el ángel de Jehová: Vuélvete a tu señora, y ponte sumisa bajo su mano (Génesis 16:7-9).

Lo primero que observamos aquí es que si el "ángel del Señor" nos pregunta a dónde vamos, lo más seguro es que ya lo sepa. Pero Dios siempre nos da la oportunidad de que seamos honestos con Él. Pensemos en la primera pregunta que Dios le hace a Adán en la Biblia: "¿Dónde estás tú?". De manera muy similar, el ángel aquí le hizo esa pregunta a Agar, invitándola a ser honesta; y ella lo fue. Pero la respuesta de Dios no era fácil de cumplir. Le dijo que volviera, que abandonara la libertad conseguida con tanto esfuerzo. Con cuánta intensidad Agar debe haber querido gritar: "¡No!". La idea de regresar debe haber sido insoportable. Y luego llegó la palabra difícil, que ninguno de nosotros desea escuchar: humíllate. Dios le estaba pidiendo algo que parecía imposible y doloroso.

Esta es la primera aparición del ángel del Señor en la Biblia. Y este ángel poderoso no se presenta ante un rey ni un sacerdote, sino ante una esclava embarazada, que está sola, y se está escondiendo con miedo en el desierto. Ella no tenía quien la defendiera ni apoyara en este mundo, y aun así Dios de los cielos quería que Agar supiera que Él la vio y la escuchó en su sufrimiento.

El ángel le dice que "Jehová ha oído tu aflicción" (Génesis 16:11). Estas deben haber sido noticias sorprendentes por más de un motivo. Para empezar, Agar no pertenecía a la familia de Abraham. Era egipcia, ni siquiera venía del lugar de origen de Abraham, Ur.

Es probable que no hablara su idioma tan bien, y hay muchas probabilidades de que no adorara al Dios extraño y singular que ellos veneraban. ¿Por qué ese Dios se preocuparía por ella? Pero Él vino hasta ella, que estaba atemorizada y desolada. Él la *vio*.

Entonces, ¿a quién vio Agar exactamente? Después de que el ángel del Señor le dijo que volviera con Sara, pronunció una promesa. Le entregó un mensaje, usando un vocabulario que (para un cristiano) hace eco de las palabras habladas, mucho tiempo después, por otro ángel:

> He aquí que has concebido, y darás a luz un hijo, y llamarás su nombre Ismael (Génesis 16:11).

Pero cuando terminó la visita, ¿qué dijo Agar? En lo que a ella respecta, tuvo una visión directa, y sin intermediarios, de Dios mismo. Hasta le dio un nombre a Dios; la primera persona en la Biblia en hacerlo:

> Entonces llamó el nombre de Jehová que con ella hablaba: Tú eres Dios que ve; porque dijo: ¿No he visto también aquí al que me ve? (Génesis 16:13).

Dijo que el que se le apareció era: "El Ro-i", que literalmente significa "el Dios que me ve". Dios la había visto y ella había visto a Dios. Agar había sido perfectamente vista y reconocida. Pensemos en lo que eso debe haber significado para una esclava. ¿Cuántos ojos la habían visto durante el transcurso de su vida? Los visitantes de la tienda de Abraham, las personas en el mercado de esclavos de Egipto; no debe haber sido más que un objeto para ellos, algo a lo que la gente le da un vistazo y luego olvida. Estaba acostumbrada a que no la notaran.

Pero este Dios no era como ellos. Dios la miró directamente, y, por primera vez en su vida, Agar fue vista.

Una experiencia de ese tipo debe haber hecho posible que regresara con Sara. Una vez que alguien mira a Dios a los ojos y ve que Dios le devuelve la mirada, hasta lo imposible se vuelve posible. En el pasaje que está inmediatamente antes que este, Dios se le aparece a Abraham y sella su pacto con él. La Biblia nos dice que Dios se le apareció "en visión" y que Abraham escuchó "la palabra de Jehová" (Génesis 15:1). Su pacto estaba sellado. Pero en el caso de Agar, Dios se le apareció y le ofreció su amor y compasión. Le brindó aquello que probablemente ella quería y necesitaba más que nada: alguien que la viera como ella realmente era.

El conocimiento de ese Dios permaneció con Agar en su segunda prueba también; una época en la que el poder de sus palabras le deben haber dado un poco de consuelo cuando las cosas fueron de mal en peor. Luego de que Sara finalmente tuviera a su hijo, e Isaac cumpliera tres años, Agar fue echada en un sentido más formal. El vocabulario usado en la Biblia sugiere una acción deliberada que debe haber despojado a Agar de su identidad, su herencia, y probablemente su esperanza. No sirvió de nada que fuera la madre del primogénito de Abraham; una vez más, el padre de su hijo era incapaz de defenderla. Abraham tenía la garantía de Dios de que Agar e Ismael estarían bien, pero la Biblia no nos dice si compartió esa seguridad con Agar. Fue enviada al desierto inclemente con los suministros mínimos indispensables, que no fueron suficientes para sustentarlos a ambos. A Agar se le terminaron las opciones pronto:

> Y le faltó el agua del odre, y echó al muchacho debajo de un arbusto, y se fue y se sentó enfrente, a distancia de un tiro

de arco; porque decía: No veré cuando el muchacho muera.
Y cuando ella se sentó enfrente, el muchacho alzó su voz y
lloró (Génesis 21:15-16).

Es uno de los pasajes más desgarradores de la Escritura;
Agar reconoce que ver morir a su hijo será la angustia final
que no podrá soportar. Estaba desesperada. Todos la habían
abandonado, y ya no podía proteger a su retoño de un mundo que no era de ninguna utilidad para el hijo de una esclava.

Muchos somos afortunados de vivir en un mundo en el
que no tenemos que temer diariamente por la vida o protección de nuestros hijos. Nos decimos que hemos garantizado
su seguridad, que las formas de nuestra vida de clase media
los pueden proteger. Si tenemos los medios suficientes, los
matriculamos en buenas escuelas, los llevamos a buenos médicos, vigilamos de cerca sus actividades. Sin embargo, muy a
menudo nos olvidamos de la angustia de las madres que no
pueden hacer estas cosas por sus hijos. A los pobres y oprimidos de este mundo, estas garantías les resultan inalcanzables.
Aquellas madres cuyos hijos enfrentan el odio y la discrimi-
nación, muchas veces no pueden garantizarles la seguridad.
Y la verdad es que todos nos encontramos a una terrible e
insospechada catástrofe de distancia de estar en los zapatos
de Agar.

Pero Dios no había terminado con ella:

> Y oyó Dios la voz del muchacho; y el ángel de Dios llamó a
> Agar desde el cielo, y le dijo: ¿Qué tienes, Agar? No temas;
> porque Dios ha oído la voz del muchacho en donde está.
> Levántate, alza al muchacho, y sostenlo con tu mano, por-
> que yo haré de él una gran nación (Génesis 21:17-18).

Dios se compadeció de la desesperación de Agar y le envió un ángel para que le transmitiera palabras amables y de consuelo. El ángel le dijo una frase que los ángeles repiten una y otra vez en la Biblia: ¡*No temas!* La primera vez que estas palabras son dichas por un ángel en la Biblia, son dichas a Agar; son las mismas palabras que le dice un ángel a Zacarías y a María, a José y a las mujeres en la tumba de Jesús. Son las mismas que Dios le transmite primero a Abraham cuando le dice: "No temas, Abraham; yo soy tu escudo, y tu galardón será sobremanera grande" (Génesis 15:1). A Agar se le habla con la misma frase que Dios usa para Abraham porque este es el Dios que verdaderamente ve y no hace distinción entre un patriarca adinerado y una esclava afligida. El "Dios que me ve" es el que no mira con los ojos del mundo, sin con los ojos del cielo.

¿En qué medida las historias de Agar y Sara habrían sido diferentes si su relación hubiera sido diferente? Si hubieran encontrado la manera de conectarse una con la otra, de perdonarse, de comprender la tristeza de la otra, ¿qué habría cambiado? ¿Qué habría sido igual? Es probable que lo único que necesitara Agar fuera dirigirse a su ama con compasión y generosidad, aun cuando Sara no le demostrara nada de eso. Es difícil ser amable con alguien que no ha sido amable con nosotros, pero ¿qué opinamos de ser amables con alguien que ha sido injusto con nosotros durante años y años? ¿Y ser amables con alguien que nos ha oprimido? Es allí donde lo difícil comienza a parecer imposible.

Pero si Agar hubiera encontrado la manera de extender esa mano, entonces quizás Sara no la hubiera echado. Por otro lado, si Sara hubiera estado dispuesta a pasar por alto la falta de respeto de Agar y reconocer lo insegura que se sentía, es probable que hubiera encontrado semejanzas entre ellas.

Ambas mujeres eran valiosas para Dios, que las estimaba y las comprendía. ¿Y si hubieran reflejado su pacto con Dios haciendo un pacto una con la otra? Es posible que en un mundo como ese, Ismael e Isaac hubieran podido crecer juntos. ¿Cómo habría sido el mundo en el que el ancestro de los judíos y el ancestro de los árabes hubieran crecido hombro a hombro, como hermanos amados que no soportaban estar separados? No son solo los corazones humanos los que podrían haber sido diferentes, sino también el mapa del mundo. ¿Quién sabe qué mapas futuros puede reescribir nuestro corazón si nos las arreglamos para encontrar el rumbo hacia la compasión de unos por otros?

Preguntas de estudio sobre Sara y Agar

1. Dios se le aparece a Abraham en seis oportunidades. Lee sobre cada una de ellas y descubre qué le pide Dios en cada aparición.

     Génesis 12:1-3 (la orden de partir de Harán)
     Génesis 15:1-21 (el primer pacto)
     Génesis 17:1-22 (el pacto renovado)
     Génesis 18:1 (la aparición en el encinar de Mamre)
     Génesis 18:20 (Abraham intercede por Sodoma)
     Génesis 22:1 (Moriah)

2. ¿Cuál es la relación de Sara con cada una de estas apariciones? ¿Con cuál está vinculada? ¿En cuáles está ausente? ¿Cuáles son aplicables a ella y cuáles no? Cuando leemos la Biblia, es importante mirar más allá del pasaje que tenemos en frente. La división en capítulos de la Biblia se produjo solo en la era medieval, casi un milenio después de que se escribieran estos textos. Entonces, para los lectores antiguos, no había separación real entre lo que estaba antes de un pasaje y lo que estaba después. ¿Cómo podría eso cambiar lo que vemos de Sara en estos seis pasajes?

     Por ejemplo, veamos el texto del pacto de Génesis 15:1-21. Si lo hacemos como un lector antiguo, vemos que este pasaje desemboca en el diálogo de Abraham y Sara sobre Agar, y el hecho de tener un heredero a través de la sierva. ¿Qué nos dice esto sobre la relación de Sara con el pacto? ¿Qué nos dice sobre su relación con Abraham? ¿Qué nos dice sobre su relación con Dios?

3. La Biblia dice que Sara murió y fue enterrada en un campo que Abraham compró; su primer punto de apoyo en la tierra de Canaán, la compra que lo transformó de nómade a propietario, un integrante de la comunidad de Canaán. ¿Qué es lo primero que hace Abraham después de la muerte de Sara? Lee Génesis 24:1-8. ¿Qué nos dice de la importancia de Sara para Abraham? ¿Qué nos dice de la importancia de Sara para Isaac?

4. Agar abandona a Abraham y Sara dos veces. La primera (Génesis 16:6-14), Dios la envía de vuelta. La segunda (Génesis 21:14-21), Abraham y Sara la echan. ¿Cuál es la diferencia entre ambas? ¿Cambió algo en Agar entre un suceso y otro?

Raquel y Lea:
Hermanas y rivales

Raquel

(GÉNESIS 29:1-30:24, 31:31-35, 35:16-20)

La historia de Jacob y Raquel es un relato fascinante de amor, engaño y celos; y es más descabellado que cualquier *reality show* de la actualidad. Aquí, por primera vez en la Biblia, vemos una conexión romántica que se parece bastante a lo que estamos acostumbrados; incluso ese concepto de "amor a primera vista" que se encuentra en los cuentos de hadas. Todas las parejas de esposo y esposa que vemos antes de esta (Adán y Eva, Abraham y Sara, Isaac y Rebeca) son resultado de alguna intervención externa. Estos matrimonios probablemente dieron lugar al amor entre los esposos, pero el hecho es que las parejas no se unieron de la misma manera en que se hace hoy en día. Simplemente no funcionaban de esa forma en ese tiempo y en ese lugar. Los matrimonios se asemejaban a una transacción: a menudo era más una alianza de familia y propiedad que de dos personas. Y entonces llegaron Jacob y Raquel.

La historia de Raquel no puede separarse de la historia de su esposo, Jacob; ella era el fin y el objetivo de su aventura. La primera vez que nos encontramos con Jacob, descubrimos que es el rival de su hermano mellizo, Esaú. Jacob era el favorito de su madre, mientras que Esaú captaba el afecto de su padre. La primera vez que Jacob engañó a su hermano para obtener su herencia fue con un plato de estofado. Y luego, cuando su padre yacía en su lecho de muerte, Jacob urdió una trampa que también despojó a Esaú de su bendición como primogénito. Esaú ya había tenido suficiente.

Esaú quiso matar a Jacob apenas murió su padre Isaac. Su madre advirtió a Jacob y le aconsejó que huyera a la casa de su hermano Labán, muy lejos. Fue camino a ese lugar que Jacob tuvo la famosa visión de la escalera entre la tierra y el cielo, con ángeles que subían y bajaban.

> Y he aquí, Jehová estaba en lo alto de ella, el cual dijo: Yo soy Jehová, el Dios de Abraham tu padre, y el Dios de Isaac; la tierra en que estás acostado te la daré a ti y a tu descendencia. Será tu descendencia como el polvo de la tierra, y te extenderás al occidente, al oriente, al norte y al sur; y todas las familias de la tierra serán benditas en ti y en tu simiente. He aquí, yo estoy contigo, y te guardaré por dondequiera que fueres, y volveré a traerte a esta tierra; porque no te dejaré hasta que haya hecho lo que te he dicho. (Génesis 28:13-15).

Jacob, el maestro de la estafa, que estaba listo para obtener de la vida lo que pudiera, sin importar a quién tuviera que pisotear, de pronto tuvo una visión de una vida más grande que la propia. Recibió una bendición y una promesa de Dios mismo, y eso le cambió la existencia. El Dios de Abraham e Isaac había bajado hasta Jacob; un Dios en quien, podemos imaginar, Jacob no había estado demasiado interesado hasta este punto.

Inmediatamente después de esta visión en Bet-el, Jacob se encontró con Raquel. Moisés, el autor de Génesis, intencionalmente ubicó el encuentro seguido a la visión. ¿Jacob veía el mundo con otros ojos después de ese encuentro divino? Evidentemente estaba abrumado de emoción cuando conoció a Raquel junto al pozo, y se dio cuenta de que, de todas las personas que podría haber encontrado cuando se escapaba de la amenaza de muerte, ella era la que lo llevaría un paso más cerca de la seguridad.

Y sucedió que cuando Jacob vio a Raquel, hija de Labán hermano de su madre, y las ovejas de Labán el hermano de su madre, se acercó Jacob y removió la piedra de la boca del pozo, y abrevó el rebaño de Labán hermano de su madre. Y Jacob besó a Raquel, y alzó su voz y lloró. Y Jacob dijo a Raquel que él era pariente de su padre, y que era hijo de Rebeca; y ella corrió, y dio las nuevas a su padre (Génesis 29:10-12).

Después de que Jacob trabajara para Labán por un mes, Labán le preguntó al joven cuál era su salario. Jacob, enamorado, le pidió lo que más deseaba:

Y Jacob amó a Raquel, y dijo: Yo te serviré siete años por Raquel tu hija menor. Y Labán respondió: Mejor es que te la dé a ti, y no que la dé a otro hombre; quédate conmigo. Así sirvió Jacob por Raquel siete años; y le parecieron como pocos días, porque la amaba (Génesis 29:18-20).

¿Podemos imaginar hacer un trato así con nuestro futuro suegro? ¡Siete años! Y la Biblia nos dice que le parecieron solo unos pocos días por lo mucho que la amaba.

Pero es aquí en donde vemos que el máximo traidor obtiene lo mismo que le dio a su hermano, y que, ahora, la traición proviene de su tío Labán. Como vemos, Raquel y Jacob no estaban solos en este cuento de hadas. Raquel tenía una hermana mayor, Lea, y así es como la Biblia la describe:

Y los ojos de Lea eran delicados, pero Raquel era de lindo semblante y de hermoso parecer (Génesis 29:17).

Es probable que Raquel haya tenido todas las posibilidades del mundo, pero Labán quería que su hija mayor se casara primero, entonces preparó una trampa para Jacob en el altar. Después de una noche de fiesta, Labán reemplazó a Raquel por Lea, y Jacob recién lo descubrió al otro día.

Y Jacob dijo a Labán: "¿Qué es esto que me has hecho? ¿No te he servido por Raquel? ¿Por qué, pues, me has engañado?" (Génesis 29:25).

Jacob estaba furioso, pero eso no atenuó su amor por Raquel, y, en verdad, no parece que la culpara a ella: "y la amó también más que a Lea" según nos cuenta la Escritura (Génesis 29:30). También vemos que hizo un trato con Labán.

Cumple la semana de esta, y se te dará también la otra, por el servicio que hagas conmigo otros siete años (Génesis 29:27).

Y eso fue exactamente lo que hizo Jacob. Catorce años de trabajo para saldar finalmente la deuda por la mujer de la que se enamoró la primera vez que la vio apacentando el rebaño de su padre en el campo.

¿Cómo se habrá sentido Raquel al ver que Jacob se casaba con Lea y no con ella, sabiendo que era ella el objeto de afecto eterno de Jacob? ¿Ella contaba con el plan de casarse con un hombre apuesto que la amaba profundamente? Ver a su hermana irse a la cama con Jacob en la que debería haber sido su luna de miel transformó el cuento de hadas en una pesadilla. Aún peor, era una desgarradora traición que involucraba a su hermana. ¿Qué sucedió con su relación con Lea? No sabemos mucho de ese vínculo antes de que Jacob entrara en escena, pero parece que fue progresivamente cuesta abajo después de eso.

Las frustraciones de Raquel se incrementaron cuando su hermana pudo concebir y ella no. Pero imaginemos cómo se debe haber sentido Lea durante ese tiempo. Dios tuvo misericordia de ella.

> Y vio Jehová que Lea era menospreciada, y le dio hijos; pero Raquel era estéril (Génesis 29:31).

Hablaremos más de Lea luego.

> Viendo Raquel que no daba hijos a Jacob, tuvo envidia de su hermana, y decía a Jacob: Dame hijos, o si no, me muero. Y Jacob se enojó contra Raquel, y dijo: ¿Soy yo acaso Dios, que te impidió el fruto de tu vientre? (Génesis 30:1-2).

La Escritura no solo nos brinda una dramática historia de amor con Jacob y Raquel, sino que también nos recuerda que el conflicto en el matrimonio es un tema muy antiguo. Raquel le hizo a su esposo lo que pensó que era un reclamo legítimo, y él le recordó que era Dios el que estaba a cargo del destino de ella. Para Raquel, esto era completamente personal. Como vimos en la historia de Sara, la fertilidad en el mundo antiguo tenía implicancias más profundas que el mero hecho de tener hijos. La fertilidad, esa vida que la mujer creaba y llevaba en su vientre, era considerada una señal del favor de Dios. Raquel debe haber sentido que su falta de fertilidad era una maldición. ¿La infertilidad era su premio por todo lo que había tenido que atravesar? Había esperado siete largos años por su oportunidad de casarse con Jacob y tener hijos. ¡Seguramente Dios la premiaría! Pero parece que a cambio solo obtuvo angustia.

Según dicen los consejeros, una de las etapas del sufrimiento es la negociación. Le decimos a Dios: *Bueno, ¿qué tengo que hacer para revertir este dolor y obtener lo que quiero?* Vista de esta manera, la vida de Raquel parece ser una larga etapa de aflicción, porque está regateando todo el tiempo. Siempre está buscando una manera de "arreglar" su situación, y en eso se parece mucho al hombre con el que se casó.

En el primer intento de "resolver" su problema, usó la misma estrategia que vimos que empleó Sara. Cuando Sara dudó de que la promesa de Dios para ella daría frutos, tomó sus propias medidas. Raquel le propuso el mismo trato que Sara le había propuesto a Abraham: tener un hijo de su sierva. Raquel le ofreció su sierva Bilha en lugar de ella, con la intención de criar al hijo de la esclava como propio; y parece que esto funcionó.

> Dijo entonces Raquel: Me juzgó Dios, y también oyó mi voz, y me dio un hijo. Por tanto, llamó su nombre Dan. Concibió otra vez Bilha la sierva de Raquel, y dio a luz un segundo hijo a Jacob. Y dijo Raquel: Con luchas de Dios he contendido con mi hermana, y he vencido. Y llamó su nombre Neftalí (Génesis 30:6-8).

Los nombres que Raquel les dio a estos pequeños varones nos dan más información sobre ella que sobre lo que los niños serán en el futuro. Raquel veía que Lea le daba a Jacob un hijo tras otro, y consideraba que esta situación era fundamental en la rivalidad entre hermanas. Cualquier tipo de amor, compasión, o cercanía fraternal que pudiera haber existido, se había desvanecido hacía mucho. Hay un paralelismo entre las luchas de Raquel con su hermana y el combate divino de Jacob descripto más adelante en Génesis 32. Raquel sabía que Dios había cerrado su útero, entonces sus batallas eran dobles. Lidiaba tanto con Dios, como con el "hombre"; su propia hermana en particular. La historia de Raquel pone en exposición toda esa vulnerabilidad humana. Lo que sucedió en su vida muy a menudo sucede en la nuestra también. Todos experimentaremos la congoja, la pérdida, o alguna situación fuera de control. ¿Qué hacemos cuando llegan esos momentos? Y, con frecuencia, es fácil buscar a alguien para culpar. *Esto no habría pasado si no hubiera hecho eso, o si no hubiera dicho aquello, o si no hubiera cometido tal error*, nos decimos a nosotros mismos. Desde el Jardín del Edén, cuando Adán dirige la culpa a "la mujer que me diste" (Génesis 3:12), en todo el recorrido hasta Raquel, Génesis está repleto de historias de personas que juegan el juego de la culpa.

Culpamos a otros no solo porque nos libera de nuestra responsabilidad, sino también porque puede ser reconfortante pensar que existen razones externas para nuestro dolor, algún tipo de propósito. Raquel quería culpar a Jacob, a su hermana o a Dios mismo, pero cuando estamos en el medio de nuestros valles más oscuros, a menudo es imposible para la mente humana encontrar una explicación, o al menos una que tenga sentido. Recordemos que hasta los discípulos de Jesús estaban desconcertados ante la idea de que las cosas malas suceden sin que sea la culpa de alguien. "Y le preguntaron sus discípulos, diciendo: Rabí, ¿quién pecó, este o sus padres, para que haya nacido ciego?" (Juan 9:2). Jesús les responde:

> No es que pecó este, ni sus padres, sino para que las obras de Dios se manifiesten en él (Juan 9:3).

La tragedia en el ámbito humano no siempre es el resultado del juicio de Dios; pero siempre ofrece una oportunidad para mostrar su gloria.

Es probable que Raquel no pudiera ver tanto hacia adelante, pues solo sentía que Dios la estaba juzgando y que su sentencia de infertilidad estaba conectada con el favor de Dios hacia su hermana. Para Raquel se trataba de un combate, y ella quería la victoria. ¿Jacob mismo no se había involucrado en algún tipo de comportamiento sospechoso para sacar ventaja sobre su hermano? Esta competencia con su hermana se volvió el centro de atención de la vida de Raquel, y ella estaba dispuesta a hacer todo lo que fuera necesario para ganar.

Para esta entrega de la historia de "Raquel versus Lea", la Biblia incluye un curioso episodio relacionado con una mandrágora. Durante siglos, muchas personas creyeron que las raíces de la mandrágora podían curar la infertilidad, ayudar a concebir y fomentar el amor. Entonces, cuando el hijo mayor de Lea, Rubén, encontró mandrágoras, la desesperada Raquel quiso una. Se tragó el orgullo y se acercó a su hermana con esta propuesta inesperada.

> Y dijo Raquel a Lea: Te ruego que me des de las mandrágoras de tu hijo. Y ella respondió: ¿Es poco que hayas tomado mi marido, sino que también te has de llevar las mandrágoras

de mi hijo? Y dijo Raquel: Pues dormirá contigo esta noche por las mandrágoras de tu hijo (Génesis 30:14-15).

Es difícil leer este pasaje sin pensar: *¿Jacob tiene voz y voto en todo esto?* La personalidad de las dos hermanas y sus peleas para ganar su afecto y darle hijos ponía a Jacob en el lugar de un muñeco de trapo, tironeado de acá para allá por las dos mujeres en su lucha. Raquel estaba dispuesta a negociar tiempo con su esposo y entregarlo a cambio de tener acceso a la raíz de mandrágora. Raquel ya tenía la atención de Jacob, pero, al mismo tiempo, se había obsesionado con sacar ventaja sobre su hermana dándole hijos también. ¿Jacob alguna vez miró a su esposa y pensó en su propio deseo ardiente de llevar la delantera con Esaú? ¿Habrá querido decirle: *¡Detente! Sé dónde termina todo esto?*

Finalmente, Raquel obtuvo lo que estaba buscando. No fue gracias a la raíz de mandrágora ni a la voluntariosa Bilha. Fue debido a sus propias oraciones fervientes:

> Y se acordó Dios de Raquel, y la oyó Dios, y le concedió hijos. Y concibió, y dio a luz un hijo, y dijo: Dios ha quitado mi afrenta; y llamó su nombre José, diciendo: Añádame Jehová otro hijo (Génesis 30:22-24).

Al final, la Escritura nos dice que "se acordó Dios" de ella. No fue ninguno de sus planes, ni ninguna de sus artimañas lo que dio fruto, sino la oración sincera a Dios. No podemos regatear con nuestro Padre celestial, pero sí podemos saber que Él escucha nuestras oraciones y conoce los deseos más profundos de nuestro corazón. En medio de nuestro dolor más agudo, muchas veces encontramos un gran alivio si traemos nuestras heridas y nuestros miedos ante nuestro Padre celestial. Él ya conoce las crisis o las pruebas de nuestra vida, pero hay algo liberador en el hecho de hablar con él, descargar nuestros pesos y asirnos a sus garantías para que nos sirvan de fuerza y escudo; nuestro refugio y lugar seguro.

Esta es una verdad que los salmos ilustran bien. No están desinfectadas. Están llenas de miedo sobre las amenazas de vida o muerte; son personas que yacen a la espera y con una profunda congoja por el pecado y la pérdida. Los salmos nos enseñan que Dios no quiere nuestro yo blanqueado, sino nuestro yo real; incluso las partes de nosotros que quieren vengarse, que albergan odio, que gimen en agonía y frustración ante Dios. La plegaria puede ser un lugar de total honestidad, y no puede haber crecimiento duradero en nuestra vida espiritual hasta que lleguemos a ese punto. Allí es donde podemos recibir las respuestas del Señor. A veces apuntan a un rumbo diferente y mejor de lo que esperábamos. Otras, se alinean con nuestros deseos. Para Raquel, la respuesta fue su hijo, un hijo que crecería para salvar al resto de sus hermanos y a toda su familia.

Pero la historia de Raquel y Lea no termina con esta discordia. No leemos nada más sobre la pelea entre las hermanas. La próxima vez que las vemos, están unidas, y Jacob ha visto una señal de advertencia y sabe que es el momento de dejar el territorio de Labán. También sabe que no hay probabilidades de que Labán lo deje ir tranquilamente, no después de toda la riqueza que ha adquirido trabajando con su suegro.

Entonces, Jacob se acercó a Labán, pidiéndole que lo deje irse con su familia, después de tantos años de trabajo. Labán le rogó a Jacob que se quedara, e hizo con él un trato, indicándole con exactitud, qué ganado Jacob podría llevarse como propio. Pero el trato se fue a pique:

También Jehová dijo a Jacob: Vuélvete a la tierra de tus padres, y a tu parentela, y yo estaré contigo (Génesis 31:3).

Jacob le dijo a Raquel y Lea que había percibido un cambio negativo en la forma en que Labán lo miraba. Y luego continuó relatándoles, con detalles, cómo era que Dios lo había guiado para adquirir tanta riqueza, y cómo era que había prosperado bajo la mano del Señor. Les contó de Bet-el y sus experiencias con Dios en ese lugar. Preparó el terreno para explicar por qué estaba planeando dejar a Labán y la tierra en que habían nacido.

Si no prestamos mucha atención, podemos pasar por alto por qué este es un pasaje tan excepcional. No hay ningún otro escrito del Antiguo Testamento en el que un hombre hable tanto y con tantos detalles con una mujer, mucho menos con dos. Pero Jacob quiere incluir a Raquel y Lea en los fundamentos de su decisión. Luego, por primera y única vez, las hermanas hablan como una: "Respondieron Raquel y Lea, y le dijeron: ¿Tenemos acaso parte o heredad en la casa de nuestro padre?" (Génesis 31:14). Finalmente, las hermanas encontraron la unidad, como a menudo sucede cuando enfrentamos una amenaza externa. Jacob debe haberse preguntado si, cuando llegara el momento, sus esposas sentirían que eran más las hijas de Labán que las esposas suyas. Cualquier duda que albergara se disolvió con el contundente voto de confianza en él y el rechazo por su padre.

En un abrir y cerrar de ojos, Jacob volvió a las maquinaciones de su juventud, y tramó un plan para desaparecer de inmediato. No era exactamente un complot complejo y cuidadosamente ideado.

Y Jacob engañó a Labán arameo, no haciéndole saber que se iba. Huyó, pues, con todo lo que tenía; y se levantó y pasó el Éufrates, y se dirigió al monte de Galaad (Génesis 31:20-21).

Cuando Labán descubrió el escape precipitado, pasó siete días persiguiendo a Jacob, hasta que lo encontró, al igual que a sus hijas, que lo habían dejado atrás. Se produjo una evidente tensión entre ambos hombres, y palabras acaloradas sobre por qué Labán ni siquiera había podido despedirse de sus hijas y sus nietos. Pero Labán había escuchado del Señor y sabía que no debía dañar a Jacob, así que los dos hicieron un pacto, para mantener la paz.

Y se levantó Labán de mañana, y besó sus hijos y sus hijas, y los bendijo; y regresó y se volvió a su lugar (Génesis 31:55).

La vez siguiente que vemos a Raquel deberíamos encontrarla gozosa. Nuevamente fue bendecida con un hijo, pero la historia no tiene un final feliz. Como les sucedió a muchas mujeres de su época, tuvo problemas durante el parto y murió. Mientras moría, llamó a su hijo "Benoni", que significa "hijo de mi tristeza". Pero Jacob no cumplió con su deseo de moribunda, no por falta de respeto, sino como una manera de honrar a su amada esposa. Le dio el nombre de "Benjamín", que significa "hijo de la mano derecha". Había sido Raquel su mano derecha durante muchos años. El pilar que levantó sobre su tumba nos recuerda la señal que erigió en Bet-el, en el lugar de su visión. Allí Dios le había hecho una promesa:

Será tu descendencia como el polvo de la tierra, y te extenderás al occidente, al oriente, al norte y al sur (Génesis 28:14).

Raquel tenía un papel fundamental en esa promesa celestial que Dios le hizo a Jacob. Los hijos eran el deseo más profundo del corazón de Raquel, pero aparentemente ella nunca dejó de ser lo que Jacob más quiso. Esos hijos que dio a luz, José y Benjamín, vivieron historias sorprendentes; fueron el legado imperecedero del deseo personal de su madre.

Lea

(GÉNESIS 29:15-30:21, 31:4-21)

Si Raquel había significado el amor a primera vista para Jacob, Lea representaba lo contrario. En comparación con su hermana menor, no tenía belleza ni atracción física. Aunque Lea era la mayor, al comienzo de la historia vemos que se la describe solo en términos de su valor en comparación con Raquel. Raquel estaba en el centro de la escena. Fue la que encontró a Jacob en el pozo y la que lo cautivó. Raquel era el tipo de mujer de la que los hombres se enamoran a primera vista, y Lea, aparentemente, no lo era, al menos para Jacob.

> Y Labán tenía dos hijas: el nombre de la mayor era Lea, y el nombre de la menor, Raquel. Y los ojos de Lea eran delicados, pero Raquel era de lindo semblante y de hermoso parecer (Génesis 29:16-17).

Durante siglos, tanto judíos como cristianos sintieron intriga por el significado de esta descripción. ¿Qué significa que alguien tenga ojos "delicados"? ¿Significa que Lea tenía miopía? Es probable que Lea no haya podido ver muy bien y tuviera bastante estrabismo. Quizás eso significaba que se desplazaba más lento y con más torpeza que la segura y deslumbrante Raquel. Algunos eruditos interpretan que la frase quiere decir que sus ojos en realidad parecían más jóvenes que los de Raquel. De cualquier manera, no se describe a Lea de la misma manera que a Raquel. Este versículo, en hebreo dice que Raquel era *yifat mareh*, de hermoso parecer.

En el contexto de las prácticas matrimoniales de las familias del antiguo Oriente Próximo, tiene sentido que estas dos familias, la de Rebeca y la de Labán, hayan estado observándose una a la otra. Jacob tenía prohibido casarse con una cananea, entonces habría resultado lógico regresar a la familia de la Mesopotamia. Después de todo, cuando huía para salvar su vida, su madre, Rebeca, lo envió con su hermano, Labán. Y Rebeca tenía dos hijos, mientras que Labán tenía dos hijas. Es posible que hubiera algún convenio familiar con relación a un matrimonio acordado entre los pares de primos, lo cual explicaría el enojo de Raquel cuando Esaú decidió casarse con mujeres cananeas. Raquel le dijo a Jacob que, si él también se casaba con una cananea, "¿para qué quiero la vida?" (Génesis 27:46).

También resulta tentador preguntarse si a Lea la abatía vivir en constante comparación con su hermana. ¿Durante toda su vida había sido vista como de segunda categoría en contraste con su bella hermana menor? Tenemos un indicio de esto en el doble acuerdo de Labán con relación a la boda de Raquel. ¿Qué habría impulsado a Labán a rebajarse con este tipo de truco? ¿No había pretendientes para Lea? ¿Por qué Labán no le explicó la costumbre a Jacob? ¿Jacob ya la habría sabido? A pesar de su riqueza, Labán debe haberse dado cuenta de que no había ofertas inminentes para su hija mayor, por lo que le sacó provecho a la presencia de Jacob para asegurarse de que Lea también tuviera esposo.

¿Cómo se sentía Lea con relación a todo esto? No la escuchamos hablar hasta que nombra a su primogénito, y es allí cuando tenemos un indicio:

> Y vio Jehová que Lea era menospreciada, y le dio hijos; pero Raquel era estéril Y concibió Lea, y dio a luz un hijo, y llamó su nombre Rubén, porque dijo: Ha mirado Jehová mi aflicción; ahora, por tanto, me amará mi marido (Génesis 29:31-32).

Es probable que lo que Lea sintiera fuera humillación; humillación porque permanentemente su hermana era la preferida y no ella, humillación porque pudo tener esposo solo gracias a un truco engañoso, un engaño del que debió participar activamente para sellar su matrimonio con un hombre que no la quería en primera instancia. La suerte de Lea era difícil, pero observemos lo que dice ella al respecto: Dios vio su aflicción. Estas palabras son semejantes a las de Agar, que, al igual que Lea, fue rechazada. Ambas se lamentaron ante Dios, quien en verdad las vio, muy probablemente de una manera en que no las había visto ningún ser humano. A Agar no la "notaban" porque era esclava, y Lea percibía que no la "notaban" porque no se sentía amada, o al menos, no tan amada como Raquel. Pero el Dios que vio a Lea sabía de su aflicción y tuvo misericordia.

Vale la pena que nos detengamos aquí y pensemos un poco sobre la identidad religiosa de Labán y su familia. Sabemos que Abraham y su hijo Isaac adoraban al Dios vivo y verdadero, que se les presentó en una revelación personal. Jacob fue criado para adorar al mismo Dios, a quien encontró de manera personal en la visión de la escalera en Bet-el. Pero todavía no hay ninguna evidencia de que las personas fuera de este pequeño círculo familiar adoraran al Dios de Abraham. En realidad, sabemos que Labán tenía imágenes, o "ídolos" en su hogar porque Génesis 31 nos dice que Raquel los robó. Es probable que Raquel y Lea no hubieran aprendido a adorar al Dios de Abraham; en este punto de la historia bíblica, Dios resulta desconocido para quienes no eran parte de este amalgamado entorno familiar de Abraham; sus hijos y sus nietos.

Pero, aparentemente ese círculo creció e incorporó a Lea, que debe haber adoptado al Dios de su esposo como propio, para tener una relación activa y verdadera con Él, un vínculo que incluía la conversación. Podemos imaginar como ella derramaba sus angustias ante él, sintiéndose insignificante y sin poder cautivar el corazón de su esposo, sin importar cuánto lo intentara, terminando siempre en un lejano segundo lugar en comparación con su deslumbrante hermana. ¿Qué podrá haber aprendido de Dios en esas solitarias noches de plegaria?

La respuesta a esa plegaria fue el nacimiento de Rubén. Ahora fue Lea; la menospreciada, la suplente en los sorteos de la vida, la eterna segunda, y, sin embargo, fue *ella* la que dio a luz el primogénito y heredero de Jacob. La primera sílaba del nombre es *Ru*, que significa "mirar". Quiere decir: "Ha mirado Jehová mi aflicción", pero tal como dice Lea, también significa que Dios la miró. El nombre, según lo entiende Lea, no la glorifica a ella, sino que muestra su gratitud hacia Dios. Y francamente, en este punto de la historia, Lea debe haberse sentido muy sola, tan sola como había estado toda su vida. Pero finalmente, en el Dios de su esposo ha encontrado algo diferente, alguien diferente, alguien que no solo la ve a ella, sino que también ve la realidad de su situación.

Lea volvió a dar a luz:

> Concibió otra vez, y dio a luz un hijo, y dijo: Por cuanto oyó Jehová que yo era menospreciada, me ha dado también este. Y llamó su nombre Simeón (Génesis 29:33).

En hebreo el nombre es "Shimon". La primera parte de ese nombre, la raíz, significa "escuchar". El Dios que había llegado a conocer y en el que había llegado a confiar no solo la había *visto*, sino que también la había *escuchado*. Era completamente reconocida. Y las bendiciones de Dios para la menospreciada Lea continuaron lloviendo en abundancia: Lea tuvo más hijos.

Y concibió otra vez, y dio a luz un hijo, y dijo: Ahora esta vez se unirá mi marido conmigo, porque le he dado a luz tres hijos; por tanto, llamó su nombre Leví. Concibió otra vez, y dio a luz un hijo, y dijo: Esta vez alabaré a Jehová; por esto llamó su nombre Judá; y dejó de dar a luz (Génesis 29:34-35).

El nombre Leví significa "sujetado" o "unido" y, la esperanza de Lea, desgarradora como suena, era que Jacob pudiera amarla como amaba a Raquel, y que se uniera a ella. Aunque dio a luz otro hijo más después de Leví, no vemos evidencias de que en algún momento superara a su hermana en cuanto al afecto de Jacob. Y, sin embargo, Lea encontró motivos para alabar a Dios.

Cuando nació su cuarto hijo, le puso un nombre sorprendente: "Yehudá," o "Judá," que significa "Yahvéh alabado". "Yahvéh" es el antiguo nombre del Dios de Abraham, y no es tanto un nombre propio, sino una aclamación de amor y adoración. Ella invocó el nombre de Dios que Jacob le había mostrado y le agradeció. Por primera vez, al darle el nombre a su hijo, no hizo referencia a las circunstancias externas, ni al desinterés de su esposo (Rubén: "me amará mi marido"; Simeón: "oyó Jehová que yo era menospreciada"; Leví: "se unirá mi marido conmigo"). En cambio, con gratitud humilde, expresa: "esta vez alabaré a Jehová".

Y tomó esa decisión a pesar de algunas circunstancias increíblemente difíciles. Era claro que su esposo prefería a Raquel, a la vez que Raquel se hundía más y más profundo en el odio y el resentimiento contra su hermana, que era más fértil. Se trataba de una familia bastante disfuncional. Pero Lea encontró una manera de enfocarse en las bendiciones que Dios le había dado y no en las que le había negado. Todavía anhelaba el amor de Jacob, como lo indica la elección del melancólico nombre "Leví", pero ella no dejó que ese deseo la destruyera. Dios siguió siendo el centro y el fundamento de su ser. Dios le había dado la bendición de seis hijos saludables, una riqueza increíble en el mundo antiguo. Aquí, en la historia de Lea, vemos un tema que aparecerá una y otra vez en la Escritura; la historia de cómo Dios revierte los valores del mundo. Lea, la menospreciada, se vuelve la amada de Dios, y el rechazo de su esposo se transforma en el motivo de su abundante bendición.

Lentamente, a lo largo de su camino, vemos que Lea crece y se vuelve más fuerte y segura. En los primeros versículos de la historia, parece que no tiene mucho para decir sobre sí misma. Para dejarlo en claro: las primeras palabras que pronuncia son sobre su humillación. Se la ve callada y retraída; no es el tipo de persona que se defiende. Pero después del nacimiento de sus hijos, se muestra diferente, y vemos que esa diferencia se revela gradualmente.

El plan de Raquel de concebir mediante su esclava Bilha fue una estrategia que Lea estuvo dispuesta a copiar. Lea era una persona práctica, que reconocía una buena idea cuando la veía. No pensemos que ella lo consideraba una competencia, como lo hacía Raquel. Tan pronto como Raquel tuvo éxito y logró que Bilha concibiera dos hijos, Lea ofreció su sierva, Zilpa. Podemos imaginar las historias que escucharíamos desde las perspectivas de Bilha y de Zilpa. Nuevamente, los nombres que Lea dio a sus tres hijos nos dicen mucho sobre su condición espiritual. Raquel les dio a los hijos de Bilha nombres que denotan victoria y juicio, pues consideraba que estos nacimientos eran otro avance en la gran competencia contra su hermana. Sin embargo, Lea dio a los hijos de Zilpa nombres como "Gad" y "Aser", que significan "fortuna" y "feliz" respectivamente.

Vale la pena detenernos a reflexionar sobre quién les otorga el nombre a los niños de la Biblia. En casi todas las instancias de la narrativa de Génesis, son las mujeres quienes lo hacen, y esto puede ser considerado un reflejo de su estado espiritual; pensemos en Raquel, que llamó a su último niño "Hijo de mi tristeza" o en Sara, que conmemoró su risa con el nombre de Isaac. La fertilidad y la maternidad eran funciones profundamente espirituales, que no solo marcaban el estatus social, sino también la relación que alguien tenía con Dios. El nombre que se les daba a los hijos era una especie de declaración de la madre, una forma en que las mujeres contaban parte de la historia del linaje que dio origen al pueblo de Dios. Los nombres de Lea para sus hijos no solo reflejaban sus circunstancias presentes, sino también sus esperanzas de un futuro mejor.

En el momento en que vemos a las hermanas regateando por las mandrágoras, Lea está comenzando a defenderse. Vimos parte de este pasaje antes, pero ahora añadimos un poco de contexto para ayudarnos a comprender mejor:

> Fue Rubén en tiempo de la siega de los trigos, y halló mandrágoras en el campo, y las trajo a Lea su madre; Y dijo Raquel a Lea: Te ruego que me des de las mandrágoras de tu hijo. Y ella respondió: ¿Es poco que hayas tomado mi marido, sino que también te has de llevar las mandrágoras de mi hijo? Y dijo Raquel: Pues dormirá contigo esta noche por las mandrágoras de tu hijo (Génesis 30:14-15).

Si antes nos preguntábamos si Lea era consciente de la competencia en curso con su hermana, aquí vemos con claridad que sí. Y si la amargura de Raquel era su infertilidad, la tristeza de Lea al sentirse rechazada y menospreciada era igualmente desgarradora. Quería que su esposo la amara. Lea dice mucho en ese comentario tan revelador sobre cómo Raquel "tomó" a su esposo. Había tenido a Jacob en exclusiva solo por una semana. Recordemos que cuando Jacob aceptó servir otros siete años a cambio de Raquel, se casó con la hermana menor solo una semana después de haberse casado con Lea (Génesis 29:27-28). ¿Alguna parte de Lea pensaba que Jacob podría haberla amado completamente con el tiempo si la bella Raquel no hubiera estado en el medio? O, lo que es peor, ¿se preguntaba si su esposo y su hermana hablaban abiertamente sobre el hecho de que Jacob la prefiriera a Raquel y no a ella? Una mujer que había pasado una parte tan prolongada de su vida sintiendo el rechazo y la falta de amor era muy probable que se preguntara si su rival y su esposo se burlarían de ella en secreto algunas noches. El pensamiento de no poder ser nunca suficiente la debe haber atormentado, y tanto ella como Raquel buscaron maneras de derramar su dolor y su enojo con la otra.

Esa Lea tímida y retraída parece haberse desvanecido para la época en que la encontramos en la historia de las mandrágoras. Era madre de cinco hijos, la matriarca incuestionable de su grupo familiar. No dudó en contraatacar a Raquel y tampoco dudó en darle órdenes a Jacob, quien aparentemente cumplió sin cuestionamientos. Vemos la devoción de su hijo Rubén por ella al ofrecerle estas raíces de mandrágora, raras y valiosas, que había encontrado. Lentamente vemos emerger otra imagen de Lea: una madre amorosa, pero una mujer que ahora no teme regatear por sus derechos y reafirmarlos; una mujer que sabe lo que vale ante los ojos de Dios, aunque su esposo nunca la haya puesto en primer lugar.

Es seguro que, en algún momento, Lea se haya imaginado lo feliz y pacífica que podría haber sido su vida si Raquel se hubiera casado con otra persona y se hubiera ido lejos. Con el tiempo, Jacob podría haberla olvidado y empezado a amar a Lea. Su vida de casada podría haber sido armoniosa, y cuando ella daba a luz hijos, no habrían sido otro motivo más para hacer crecer el resentimiento de su hermana. Es probable que Lea quisiera escaparse de la contienda sin fin con su hermana. Pero la verdad es que, sin esa relación, quizás Lea nunca se hubiera convertido en la mujer de Dios, calmada y confiada, que evidentemente era para cuando termina este relato.

¿Cuántas veces pensamos: *Qué fácil sería mi vida sin esta persona tan fastidiosa*? Hasta es probable que especulemos sobre la paz y el éxito que podríamos lograr si tan solo tal o cual dejara de hacernos las cosas difíciles. Pero las Raqueles de nuestra vida, las personas que nos obligan a enfrentar las circunstancias difíciles también pueden ser las que nos empujan a tener una relación más profunda con Dios. ¿Podemos transformar esas batallas con las Raqueles de nuestra vida en una relación verdaderamente vulnerable y más profunda con el Dios que comprende todo? ¿Podemos llegar hasta donde llegó Lea y alabar a Dios en nuestras circunstancias, aunque nos sintamos menospreciados e invisibles?

Aunque quizás Lea nunca recibió el amor de su esposo, con toda seguridad recibió la bendición de Dios. A través de su hijo Leví vinieron Moisés, Aarón y María, junto con todos los sacerdotes de Israel. Su hijo Judá se convirtió en un gran príncipe y le dio su nombre no solo a toda la mitad sur del reino de Israel, Judea, sino también al pueblo de la Escritura, los judíos. Judá también fue ancestro del rey David. Además, Lea fue la madre de toda la línea real de Israel, madre de reyes y príncipes por un millar de años. Y, por supuesto, ella además era la hermana que aparece en el linaje de Cristo, el que también era descendiente, a través de David, del hijo de Lea, Judá. Jesús era el León de Judá, el verdadero rey de Israel.

Vemos una hermosa imagen de redención a través de esta mujer, pues el miembro más importante de toda la historia de Israel, Cristo nuestro Salvador, fue hijo de la esposa menos amada. Lea sabía lo que significaba el rechazo, una aflicción que Jesús también experimentó. Él fue despreciado y escarnecido. Les advirtió a sus discípulos que iba a padecer y ser "desechado por esta generación" (Lucas 17:25). Dios mismo fue habitado por el dolor del rechazo. Que Jesús viniera a este mundo a través de la descendencia de Lea es una maravillosa ilustración: Dios nos espera no solo en los lugares de belleza y popularidad, sino también en los sitios de quebrantamiento y rechazo, los valles más oscuros y los más inquietantes desastres. Allí encontramos a Dios muy presente, que ve nuestra miseria y nos trae la bendición más preciosa, al igual que lo hizo por su hija Lea.

Preguntas de estudio sobre Raquel y Lea

1. Toda la historia gira en torno a la decisión de Jacob de elegir a Raquel y no a Lea. ¿Qué le sucede a la relación entre ambas hermanas a causa de Jacob?

2. Las elecciones son un tema recurrente a lo largo de la historia de los tres: Jacob, Raquel y Lea. ¿De qué maneras elige Jacob? Lee Génesis 27:19 y los versículos que siguen, en los que Jacob elige engañar a su padre; Génesis 29:18, cuando Jacob elige a Raquel, y Génesis 31:1-13, cuando Jacob elige dejar a Labán. ¿Hay algún denominador común en sus elecciones? En la última decisión que toma, tiene tanto a Lea como a Raquel con él. ¿En qué se diferencia esta decisión de las primeras dos, que toma por sí mismo?

3. ¿De qué maneras elige Raquel? Lee Génesis 30:1-8. ¿Qué elección hace aquí y qué la está motivando? Lea también elige; lee los versículos que siguen, en Génesis 30:9-21.

4. Las hermanas toman una decisión juntas en Génesis 31:14-16. ¿Por qué eligen a su esposo en lugar de su padre, y qué hay detrás de esa decisión? ¿Qué ha hecho Labán que las lleva a elegir de esa manera?

   La historia de ellos tres nos muestra que, a menudo, cuando pensamos que estamos eligiendo con libertad, en realidad estamos reaccionado a algo. ¿Recuerdas alguna decisión de tu propia vida, que hayas tomado y, que, luego, te hayas dado cuenta de que no fue tan "libre" como creías?

5. ¿Por qué Dios aparece tan poco en esta historia? En las historias de Abraham, abuelo de Jacob, y su padre, Isaac, Dios ocupa el centro de la escena. ¿Por qué parece que Dios pasa a un segundo plano en la historia de Jacob? ¿Qué podría estar sucediendo aquí?

   Lee la reunión de Jacob con Esaú de Génesis 33. ¿Qué quiere decir Jacob cuando le dice a Esaú: "He visto tu rostro, como si hubiera visto el rostro de Dios"? ¿Qué implica esto sobre las relaciones humanas en la historia de Jacob, Raquel y Lea?

Tamar y Rut:
Extranjeras

Tamar

(GÉNESIS 38:1-30).

Cuando buscamos mujeres que nos inspiren en la Biblia, la historia de Tamar no es exactamente la primera que nos viene a la mente. Es extraña e inquietante, y Tamar toma decisiones que, admitámoslo, no hay manera de explicarles a los niños de una clase de escuela dominical. Entonces, su historia tiende a permanecer en las notas al pie, algo que desearíamos pasar rápido para buscar material más comprensible y un personaje con quien quizás nos resulte más fácil relacionarnos.

Pero adelantarnos y pasar su relato sería una pena, porque Tamar es una mujer fascinante con una historia que necesitamos escuchar. Es extranjera; no es parte de la familia formada por los descendientes de Abraham, que se convertirán en la nación de Israel. Sin embargo, integra tanto el árbol familiar de David como el de Jesús. También es un ejemplo de decisiones osadas, y del poder redentor de Dios en medio de nuestras vidas desordenadas.

Su historia aparece en un tipo de interludio dentro del relato de Génesis, y esa ubicación es importante. El capítulo anterior es el comienzo de la historia de José; termina cuando sus envidiosos hermanos lo venden como esclavo. La Biblia nos cuenta que la venta fue idea de Judá, y, en Génesis 37:11, que "sus hermanos le tenían envidia", ¡y no sin motivos! Todos eran hijos de Jacob, pero José era el primogénito de la esposa que verdaderamente amaba su padre, Raquel. Génesis 37:3 no va con rodeos y dice que "amaba Israel a José más que a todos sus hijos". Entonces, ¿Judá buscaba una manera de deshacerse de José para bien? ¿O estaba buscando una manera de evitar un destino peor? ¿Ambos? La primera intención de los hermanos había sido asesinar a José, pero Rubén los convenció de abandonar su plan funesto. Al sugerirles a sus hermanos que vendieran a José a una caravana de madianitas que estaban de paso, ¿Judá esperaba salvar a José de sus sanguinarios hermanos? ¿O en realidad Judá era el cabecilla?

Inmediatamente después de que vendieron a José como esclavo, Judá dejó a sus hermanos y se fue a vivir entre los cananeos. Se casó con una cananea y tuvo tres hijos con ella. Construyó su vida allí, lejos de la familia de su padre. Sus hijos crecieron, y al final él consiguió una esposa para su hijo mayor, Er. Pero aparentemente Er no era bueno. La Escritura simplemente dice que "fue malo ante los ojos de Jehová" (Génesis 38:7).

Es en esta instancia que Tamar entra en escena. Era la esposa de Er, probablemente casada con él siendo adolescente. Imaginemos la situación: una mujer muy joven, dada en matrimonio a un extranjero, sin tener voz ni voto en el asunto, viviendo en una cultura extraña con un esposo tan malvado que Dios decide matarlo.

Después de la muerte de Er, la costumbre establecía que la esposa se casara con el hermano de este. Esto se conoce como matrimonio por "levirato" (*levir* es un vocablo latino que significa "hermano del esposo") y era la costumbre entre muchos pueblos semitas del antiguo Oriente Próximo. Luego fue incorporado como parte de la ley judía en la Torá. La idea de fondo es simple: si un hombre casado moría sin dejar hijos, el hermano tenía la obligación de casarse con la viuda y tener hijos con ella; hijos que serían considerados herederos del hermano muerto. Era una manera de asegurarse de que el fallecido continuara viviendo y siendo parte de la comunidad que había dejado atrás. Al principio, al menos, Judá cumplió con esta costumbre. Como correspondía, dio a Tamar en matrimonio a su segundo hijo, Onán. Aparentemente, Onán no estaba muy feliz con el arreglo. El matrimonio por levirato conlleva una idea de altruismo, pues el cónyuge debe estar dispuesto a reconocer al primer hijo varón que conciba con la viuda de su hermano como heredero de su hermano muerto y no suyo. Al parecer, Onán no estaba tan dispuesto. Continuó con el casamiento en público, pero en privado practicaba una primitiva forma de control de natalidad que significaba que Tamar nunca concebiría un hijo. Es probable que Onán, el hijo mayor que le quedaba a Judá, calculara el costo económico de engendrar un heredero para Er. Ese hijo tomaría una parte de la herencia que, en caso contrario, sería para Onán. Plenamente consciente del egoísmo de Onán, tanto físico como económico, Dios también lo eliminó.

Según parece, en este punto Judá decidió que la presumible infertilidad de Tamar no era el resultado de la maldad ni el egoísmo de sus hijos, sino que era culpa de ella. Ella debe ser el problema. Entonces, la envió de vuelta a la casa de su padre, con la excusa de que su hijo menor, Sela, todavía no tenía edad suficiente como para casarse con ella. En realidad, Judá no tenía intenciones de dejarla a menos de diez millas de otro de sus hijos, con o sin levirato. Génesis 38:11 relata

exactamente lo que estaba pensando Judá: "No sea que muera él también como sus hermanos". ¿Qué opciones le quedaban a Tamar más que obedecer, y confiar en que Judá, al final,
haría lo correcto?

La Biblia cuenta que Tamar se fue a vivir a la casa de su
padre, pero no dice cómo se sentía al respecto. No sabemos si
amaba a Er, ni qué sentía por Onán. Quizás nunca los quiso; no
le habían pedido su opinión. El matrimonio se arreglaba entre
hombres; era un trato de negocios que se acordaba, como
la venta de cabras o de tierras. Y si Tamar era un acuerdo de
negocios, entonces acababa de irse a la quiebra. Dos veces
viuda, ahora esperaba para ver si su suegro le haría honor a la
insinuación de que algún día sería la esposa de Sela.

Era probable que las malas noticias sobre Tamar se hubieran difundido, y era casi seguro que circularan rumores y
hubiera risas disimuladas en las tiendas sobre la mujer que
tenía tanta mala suerte. Tamar debe haberse sentido objeto
del ridículo, también debe haber sentido que tenía un sello,
una peste fatal que nadie quería contraer.

A Tamar le habría resultado fácil decir: *Bueno, es probable que tengan razón. Verdaderamente debo ser insignificante, y
quizás Judá esté en lo correcto; tal vez sus hijos murieron por mi
culpa.* Igual que Job, podría haberse sentado en un montón de
estiércol y haberse lamentado por los acontecimientos de su
vida; sin matrimonio, sin futuro, sin expectativas de algún tipo
de vida normal, sino dependiendo de su padre hasta el día de
su muerte. Pero no fue eso lo que hizo. No perdió de vista el
hecho de que Judá era quien había actuado mal. Entonces,
ideó un plan.

Aquí es donde la historia se sale del carril de la escuela
dominical, porque después de darse cuenta de que Judá no
tenía intenciones de unirla en matrimonio con su hijo Sela,

Tamar decidió engañar a Judá para que durmiera con ella. Se sacó las ropas que la identificaban como viuda, se envolvió en un velo y viajó hasta un lugar por donde sabía que Judá pasaría en sus viajes.

Su rostro estaba cubierto para que su suegro no la reconociera. Tomándola por prostituta, Judá, que para ese entonces también estaba viudo, dijo: "Déjame ahora llegarme a ti". Ella aceptó, pero supo regatear; él iba a tener que dejarle su sello, su cordón y su báculo hasta que regresara con el pago. Estos detalles, especialmente las joyas, nos dicen lo adinerado que debe haberse vuelto Judá. Nos dan una idea del poder que tenía; en claro contraste con la baja posición de Tamar. Lo más importante es que, en esa época, esos artículos eran una forma de identificación; lo más cerca que podía estar Tamar de una prueba de ADN cuando la necesitara.

Luego de que durmieron juntos, Tamar tomó el sello, el cordón y el báculo de su suegro y partió antes de que pudiera reconocerla. Judá no intentó encontrarla después, sino que envió a un amigo a llevar el pago y le trajera las cosas de vuelta, pero ella se había desvanecido. El amigo incluso estuvo averiguando sobre ella: *¿Dónde está la ramera de Enaim junto al camino?*, pero nunca nadie había escuchado de ella, y a Judá le preocupaba que fueran "menospreciados" (Génesis 38:23) si insistían sobre el tema.

Tres meses después, Tamar tenía un embarazo tan avanzado que ya no lo podía ocultar. Judá estaba indignado. Génesis 38:24 documenta su reacción: "Sacadla, y sea quemada". Al enviarla lejos de su hogar, Judá la había repudiado de manera eficaz, y se habría sentido feliz de no volver a saber de ella; hasta que lo avergonzó públicamente con un embarazo. Se había sentido dichoso de ignorarla, hasta ahora. En ese momento, de pronto, estaba muy preocupado por lo que hacía y cómo lo hacía ver. Recordemos que todavía era responsable por ella. Las personas seguramente susurraban: *¿No es esa la que era...? ¡Sí, mujer de los hijos de Judá! Oh, pobre Judá.* De nuevo comenzó la burla en las tiendas. Judá había sido humillado públicamente, y quería que Tamar pagara por eso, incluso si significaba condenarla a muerte por cometer el mismo error que él había cometido solo unos meses antes.

Tamar le envió un mensaje inconfundible al entregarle el sello, el cordón y el báculo.

Cuando la sacaban, le mandó a decir algo a su suegro: Del varón cuyas son estas cosas, estoy encinta. También dijo: Mira ahora de quién son estas cosas, el sello, el cordón y el báculo (Génesis 38:25).

En esa época, estos artículos verdaderamente se equiparaban a una prueba de paternidad, haciendo de espejo de las acciones de un hombre. Judá no podía negar que eran suyos. ¿Estalló de furia? ¿Se jugó a doble o nada en su decisión de quemar a Tamar para que nadie nunca supiera de su error o su hipocresía?

No hizo ninguna de estas cosas. En cambio, con la cabeza baja y reconociendo la justicia de la amonestación de ella, hizo una notable confesión:

Más justa es ella que yo, por cuanto no la he dado a Sela mi hijo (Génesis 38:26).

Algunos simplemente traducen del hebreo: "Ella es justa y yo no". Judá reconoció que la raíz de todo el enredo fue su decisión de no dejar que Tamar se casara con Sela. Es cierto que ella había tenido un comportamiento inmoral, pero ¿qué habría pasado si él hubiera actuado con justicia desde el comienzo? Al final, Judá admitió que él era la raíz del problema, no Tamar.

Es un momento extraordinario, que trae a la memoria otro momento en el que un hombre de Dios peca y es llamado a rendir cuentas. En 2 Samuel 12, el profeta Natán se presenta ante David para confrontarlo por asesinar a Urías y dormir con la esposa de Urías, Betsabé. Al igual que Judá, David no se enfureció. Escuchó, con el corazón quebrantado, y cayó arrepentido a los pies del profeta. Sin embargo, el arrepentimiento de Judá era más admirable todavía, porque no fue un profeta poderoso y respetado el que le hizo el reproche, sino una mujer. ¡Una mujer! Nada menos que una mujer embarazada fuera del matrimonio. Podría haberla ignorado y matado, junto con su hijo por nacer. Pero escuchó, bajó la cabeza, y admitió que ella tenía razón y él estaba equivocado.

Tamar, una mujer sin poder, sin importancia en su comunidad, sin un hombre protector que la cuidara, le hizo un poderoso reproche a Judá y fue oída. Podemos imaginar lo que debe haber sentido, al ser escoltada a su presencia por primera vez desde su fatal encuentro tres meses antes. ¿Judá agachó la cabeza ante ella, la madre de su hijo por nacer? ¿Ella se sentía reivindicada?

A Tamar le habría resultado fácil esperar a que la llevaran a la presencia de Judá y allí, públicamente, anunciar la verdad. Después de todo, ¿no era lo que él merecía, alguna buena humillación pública a la antigua? Hubiera sido un muy buen momento de triunfo para ella. Imaginemos todas las burlas y el desprecio que seguramente había recibido durante todos esos años ahora los recibiría, en su lugar, Judá. Debe haber sido un pensamiento muy tentador. Pero Tamar eligió un camino diferente. Le envió un mensaje privado. Eligió *no* humillar públicamente al hombre que estaba tratando de ejecutarla. Lo invitó a unir los puntos y luego esperó su decisión. La secuencia de eventos nos recuerda que procurar justicia no implica humillación, podemos defender lo que es nuestro por derecho sin destruir a los demás en el proceso.

La importancia de Tamar no terminó en esa instancia de verdad. Luego ella dio a luz gemelos, Fares y Zara. Estos hijos de Judá jugaron un papel importante en la historia de la salvación. En el primer capítulo del Evangelio de Mateo, leemos la genealogía de Jesús. "Abraham engendró a Isaac, Isaac a Jacob, y Jacob a Judá y a sus hermanos. Judá engendró de Tamar a Fares y a Zara, Fares a Esrom, y Esrom a Aram" (Mateo 1:2-3). Aram fue el tataratataratataratataraabuelo del rey David, por lo que el pequeño de Tamar, hijo de una extranjera, hijo de una cananea, formó parte de la línea real del reino de Israel. Es más, el nombre de Tamar es invocado en una bendición especial que veremos en la siguiente historia (Rut 4:12). Pero esta no solo era la genealogía de David, sino también del descendiente divino de David, Jesús. Tamar es parte de ese linaje y es una de las únicas tres mujeres que nombra la genealogía de Mateo. Ella contribuye a hacer posible que venga el Mesías, y esta extranjera cananea no judía, que quedó embarazada fuera del matrimonio y enfrentó una muerte segura, se convirtió en un ancestro de Cristo.

La historia de Tamar también tiene importancia dentro de la crónica de Génesis. Recordemos que este relato interrumpe la historia de José. De pronto, la narrativa hace una pausa para brindarnos este interludio, aparentemente al azar, con Judá y Tamar. La narración sobre José se reanuda inmediatamente después del nacimiento de Fares y Zara, y continúa sin interrupción por el resto del libro de Génesis. A primera vista, no tiene sentido encontrar este suceso ilícito forzado en medio de la vida de José. ¿Qué tiene que ver esta historia sórdida con cualquier otro hecho?

Judá nos da una pista. Cuando José fue echado en la cisterna por sus sanguinarios hermanos, fue Judá el que apareció con la idea de venderlo. Judá fue quien dijo: ¡Deshagámonos de él! Pero al concluir la historia, cuando el frágil y anciano padre de José, Jacob, enfrenta la posibilidad de enviar a su amado hijo Benjamín a Egipto, es Judá el que se ofrece.

> Entonces Judá dijo a Israel su padre: Envía al joven conmigo, y nos levantaremos e iremos, a fin de que vivamos y no muramos nosotros, y tú, y nuestros niños. Yo te respondo por él; a mí me pedirás cuenta. Si yo no te lo vuelvo a traer, y si no lo pongo delante de ti, seré para ti el culpable para siempre (Génesis 43:8-9).

Cuando llegaron a Egipto, parecía haber sucedido lo peor. El caprichoso gobernante (en realidad, su hermano José disfrazado) exigía que dejaran al desdichado joven Benjamín con él. Judá puso su propia vida en juego: "Te ruego, por tanto, que quede ahora tu siervo en lugar del joven por siervo de mi señor" (Génesis 44:33), ofreciendo su propia vida por la de su hermano. Era Judá quien había crecido y cambiado más que sus hermanos, pero ¿por qué? ¿Qué explicación tiene el cambio, de un joven enojado y vengativo al comienzo de la historia al hombre maduro y compasivo del final? ¿Fue su humillación ante Tamar? Las acciones de la mujer forzaron a Judá a enfrentarse a su error. Probablemente por primera vez, Judá aprendió lo que significaba decir en público: *me equivoqué*. Tamar le demostró el camino de la rectitud, y cómo ser una persona que defiende lo correcto, cuando nadie más tiene el valor de hacerlo.

Hay una antigua tradición judía que dice que avergonzar a otra persona en público es lo mismo que cometer homicidio, porque, independientemente de los motivos, se ha aniquilado la reputación de esa persona para siempre. Es el tipo de enseñanza que nos recuerda que debemos tener cuidado con nuestras palabras. Pero ¿cuántos de nosotros, en el lugar de Tamar, habríamos resistido la tentación de asegurarnos de que Judá obtuviera un poco de lo que se merecía?

El relato de Tamar es una bella ilustración de cómo Dios puede redimir hasta los planes humanos más malvados. Es probable que se sintiera abandonada, y podría haber tenido diferentes motivaciones: justicia, un intento de conservar la vida que pensaba que iba a crear. Pero ¿no había visto, en el pasado, cómo Dios obra con los impíos? A sus dos esposos les costó la vida. Una viuda que sedujo a su suegro para quedar embarazada parece, a primera vista, un plan imposible de remediar; pero Dios es un maestro para sacar cosas buenas de nuestros líos. La historia de Tamar está entretejida en la trama del linaje de Cristo Jesús. No importa cuán incrédulos seamos, Dios siempre trabaja en cada una de nuestras historias, y es capaz, no solo de sanarnos, sino también de usar nuestra fragilidad humana para fines milagrosos.

Rut

(RUT 1:1-4:22)

Muchos estamos familiarizados con la historia de Rut. Después de todo, es una especie de superestrella; ¡una mujer que tiene su propio libro en la Biblia! En realidad, Rut es la única no judía que tiene un libro que lleva su nombre en la Biblia.

Se la identifica como extranjera desde el comienzo mismo de la historia. Al igual que Tamar, no era descendiente de Abraham. Era una mujer de Moab, la tierra de la costa oriental del Mar Muerto, en frente de Judea. Se casó con un joven judío llamado Mahlón, cuya familia había huido de la terrible hambruna de Judea y se había ido a buscar una vida mejor en otro lugar. Pero la tragedia siguió a la familia. Su suegro, Elimelec, murió poco después de que llegaran a Moab. Un tiempo después de eso, tanto su esposo como el hermano, Quelíon, también murieron. Junto con su cuñada Orfa y su suegra Noemí, Rut pasó a integrar un trío de luto; tres mujeres unidas por la angustia, con pocas perspectivas para el futuro.

Cuando el hambre en Judea terminó, Noemí decidió hacer lo que muchos de nosotros probablemente harían en esa situación: eligió volver a su hogar. Las dos nueras comenzaron el viaje con ella. Después de todo ¿a quién más tenían las tres mujeres, más que la una a la otra? Pero Noemí no quería ni hablar de ello. Instó a las jóvenes a volverse a sus tierras y comenzar una nueva vida. Después de todo, ¡eran jóvenes! Se podían volver a casar, lo que les daría nuevas esperanzas de tener una familia e hijos. Orfa accedió, pero Rut no. Las primeras palabras que Rut dijo en esta hermosa y trágica historia constituyen una declaración de un amor tan

conmovedor y leal que todavía se usan como expresión de
devoción absoluta:

> No me ruegues que te deje, y me aparte de ti; porque a don-
> dequiera que tú fueres, iré yo, y dondequiera que vivieres,
> viviré. Tu pueblo será mi pueblo, y tu Dios mi Dios. Donde
> tú murieres, moriré yo, y allí seré sepultada (Rut 1:16-17a).

Es muy probable que hayamos escuchado estas emoti-
vas palabras antes, pero pensemos en lo que realmente signi-
ficaban para Rut. Estaba renegando por completo de su vida
anterior y se comprometía con un nuevo país, un nuevo hogar, un nuevo pueblo, e incluso, una nueva creencia religiosa.
Es verdaderamente notable.

Entonces, juntas Rut y Noemí, viajaron hasta Judea, país
de origen de Noemí, y su ciudad natal, Belén. En este punto
es donde el lector atento se detendrá para tomar nota, pues
esta es la primera mención de Belén en la Biblia. Para un judío
anciano que lea la historia, el significado de la ciudad es obvio:
es el lugar de nacimiento de David, el hogar del gran rey. Pero
para un cristiano que lea la historia, la ciudad significa mucho más que el hogar de un rey terrenal; es el lugar de nacimiento del rey eterno, Jesús. Los escritores cristianos antiguos
relacionaron el significado en hebreo del nombre de la ciudad,
"casa del pan" con Jesús, el verdadero "pan del cielo". Belén
es el lugar donde comienza toda la historia de la salvación;
entonces, como cristianos que leemos esta historia, sabemos
que debemos prestar atención. Todo lo que llegue a significar
Belén para nosotros comienza justo aquí; cuando una inmigrante afligida sigue a su suegra hasta una ciudad extraña.

La decisión de crear una nueva familia, a pesar de la falta
de lazos sanguíneos es importante, y es un tema al que vuelve

esta historia, una y otra vez. Gran parte de la narrativa bíblica se centra en la familia biológica y la importancia de tener hijos propios. Es lo que motiva a Sara y Raquel, y como veremos luego en estas páginas, a Ana e incontables hombres y mujeres de la Biblia, a caer sobre sus rostros ante Dios en oración, rogando hijos de su sangre. En todo el Antiguo Testamento, a menudo se ve a los hijos como la mayor bendición. Y tenemos el libro de Rut que nos muestra que, aun cuando esa opción parece fuera de alcance, Dios siempre entrelaza lo inesperado. Rut y Noemí eran una familia, formada por la elección desinteresada de Rut. Y para el final de esta historia, su amor se habrá expandido lo suficiente como para aumentar el clan, y al final se reverenciará a Rut diciendo que "es de más valor para ti que siete hijos". Pero no nos adelantemos.

Cuando Rut y Noemí llegaron a Belén, estaban desprotegidas. Rut se sumó a lo que hacían los pobres de esa época y de esa región, que consistía en juntar las espigas de cebada que quedaban en el campo luego del paso de los segadores. Todos los campos deben haber tenido personas empobrecidas como ellas, que se juntaban en las orillas, esperando que cayeran algunos restos de grano suelto. En Levítico 19:9-10, vemos el mandamiento de Dios de dejar las esquinas de los campos sin cosechar, para ayudar a los desamparados. Después de un tiempo, es probable que las personas del lugar se acostumbraran a ver a Rut, así como los que vivimos en la ciudad damos por sentada la presencia de los pobres. ¿Con cuánta frecuencia nuestros ojos prestan atención cuando se nos acerca algún mendigo sucio y descuidado? Si nos dignamos a fijarnos en ellos, ¿nos preguntamos, antes de mirar con prisa a otro lado, si sus propias malas decisiones los llevaron hasta allí?

Booz era uno de esos terratenientes adinerados, pariente cercano de Noemí. Pero para él, los espigadores pobres no eran invisibles. Él vio un rostro nuevo entre ellos y preguntó quién era. Cuando descubrió que se trataba de la joven leal que había llegado a Belén con Noemí, insistió en darle un lugar protegido entre las espigadoras y permitirle tomar agua junto con los segadores. Esto iba en contra de la cultura por varios motivos: Booz le estaba dando a una extranjera, una *mujer*, un trato preferencial. A Rut le sorprendió esta generosidad y le preguntó a Booz por qué motivo le mostraba esa bondadosa preferencia. La respuesta era simple: era gentil con Rut porque había escuchado de su humilde amabilidad. En Rut 2 encontramos otro pasaje con palabras de compasión cuando más se necesitan. Booz le dice a Rut:

> Y respondiendo Booz, le dijo: He sabido todo lo que has hecho con tu suegra después de la muerte de tu marido, y que dejando a tu padre y a tu madre y la tierra donde naciste, has venido a un pueblo que no conociste antes. Jehová recompense tu obra, y tu remuneración sea cumplida de parte de Jehová Dios de Israel, bajo cuyas alas has venido a refugiarte. (Rut 2:11-12).

La Escritura a menudo muestra que Dios favorece a aquellos que están dispuestos a dejar todo por amor a Él. ¿Cuál fue el primer mandamiento que Dios le dio a Abraham? "El Señor le había dicho a Abraham: Vete de tu tierra y de tu parentela, y de la casa de tu padre, a la tierra que te mostraré" (Génesis 12:1). Es como si a veces Dios debiera obligarnos a salir de nuestra zona de confort para poder lograr sus propósitos a través de nosotros. A menudo tenemos que ser empujados a depender totalmente de Dios antes de que podamos realmente progresar espiritualmente.

Cuando Noemí supo de la extraordinaria amabilidad de Booz para con Rut, tramó un plan: que Rut se casara con él. Después de todo, Booz era familiar del esposo de Noemí, lo que lo convertía en pariente de su nuera también. Estando en esta posición, Booz podría actuar como pariente redentor, alguien con deseos de casarse con la viuda de un familiar para restaurar su posición en la familia. Casarse con el adinerado Booz habría sido un suceso transformador para una inmigrante empobrecida como Rut.

El plan de Noemí parecía sensato, pero todo dependía del consentimiento de Booz, quien podría haber tenido muchos motivos para negarse. Por un lado, como vimos en la historia de Tamar, casarse con una mujer para que, al final, el hijo de ella no fuera "contado" como propio a los fines de la herencia era una decisión difícil y desinteresada. Muchos hombres querían su "propia" esposa con sus "propios" hijos, para que heredaran sus bienes y llevaran su nombre. Dejando eso de lado, ¿por qué Booz se casaría con una mujer que era extranjera en la comunidad? No tenía conexiones familiares poderosas que lo ayudaran en su profesión y él no obtendría nada de ese tipo de unión. Tenía todo tipo de motivos legítimos para negarse.

Es probable que la siguiente parte del plan de Noemí tuviera la intención de darle una salida a Booz, si es que la quería. Rut, una mujer humilde, tuvo cuidado de no poner a Booz en una situación pública incómoda. Durante esta época festiva de cosecha, Booz dormía sobre el piso del cuarto de trilla con sus hombres, seguramente después de la fiesta en celebración de la cosecha. Rut 3:7 dice que "cuando Booz hubo comido y bebido, y su corazón estuvo contento", se tendió cerca de un montón de granos y cerró sus ojos para relajarse, satisfecho con un buen día de trabajo. Siguiendo con el plan de Noemí, Rut se acercó en silencio, descubrió sus pies, y esperó. Esperó toda la noche. ¿Estaba nerviosa, esperando ansiosa cualquier indicio de que Booz se movía y pronto la encontraría allí, o su corazón estaba en paz pues estaba en presencia de un hombre que ya le había demostrado su increíble amabilidad?

¿Qué iba a hacer Booz cuando se despertara y la encontrara allí? Había sido atento con ella a plena luz del día, cuando otras personas estaban mirando. ¿Sería diferente en la oscuridad, con ella como única testigo de su decisión trascendental? Era una desconocida, una inmigrante, una gentil, una extranjera. Noemí la consideraba su familia, pero eso, en la realidad, no la convertía en pariente de sangre. Booz no tenía, por cierto, ninguna obligación con ella. Entonces, ¿qué diría Booz cuando despertara y la encontrara allí?

> Y él dijo: Bendita seas tú de Jehová, hija mía; has hecho mejor tu postrera bondad que la primera, no yendo en busca de los jóvenes, sean pobres o ricos. Ahora pues, no temas, hija mía; yo haré contigo lo que tú digas, pues toda la gente de mi pueblo sabe que eres mujer virtuosa (Rut 3:10-11).

Contra todo pronóstico, encontró seguridad y felicidad. Booz respondió a la nobleza de la naturaleza de Rut. Evidentemente ella lo había impactado profundamente. Se casaron, no antes de otro giro interesante, que nos lleva nuevamente al tema de la elección. Otro (desconocido) pariente de Noemí tenía derecho, en primer lugar, de rechazar la propiedad de Noemí y su nuera. Sería una elección con consecuencias eternas. Booz alertó al hombre sobre una porción de tierra que pertenecía al difunto Elimelec, una parcela que Noemí esperaba vender. Aunque el hombre estaba interesado en la tierra, cuando Booz le reveló que esa venta estaría supeditada al casamiento con Rut, se rehusó. "No puedo redimir para mí, no sea que dañe mi heredad", dijo en Rut 4:6.

Quién sabe qué le sucedió al final a ese hombre. No sabemos su nombre porque queda fuera de la historia de la salvación, desconocido para siempre. Perdió la oportunidad de casarse con Rut; Rut, ancestro del rey David, ¡Rut, ancestro del mismo Cristo! Eligió otro camino. Y Booz eligió a Rut.

Esta historia está plagada de decisiones audaces y trascendentes. El esposo de Noemí, Elimelec, dejó su tierra natal para empezar una nueva vida en Moab. Noemí eligió volver a su hogar cuando él murió. Rut tomó la decisión más arriesgada de todas; la de dejar su hogar y su familia para seguir a Noemí a lo desconocido. Y Booz podría haber rechazado a Rut, como decidió el pariente desconocido, pero no lo hizo. Se casó con ella, y juntos construyeron una familia. Noemí, Rut y Booz formaron una familia por elección, que constituyó una rama en el árbol de la vida que engendró a nuestro Salvador.

Los primeros cristianos, al leer la historia de Rut, no podían evitar verse reflejados. Para ellos, era más que una bella historia sobre una joven que tuvo un final feliz. La aceptación de Rut en la familia de Israel les hablaba de su propia inclusión en la familia de Dios. Encontraban en esta historia el eco de las palabras de Pablo sobre la iglesia gentil; "y tú, siendo olivo silvestre, has sido injertado en lugar de ellas, y has sido hecho participante de la raíz y de la rica savia del olivo" (Romanos 11:17).

Rut eligió dejar a su pueblo y sus dioses, así como los gentiles eligieron dejar los suyos. Como Rut, vinieron a la "casa del pan", Belén, hambrientos por cualquier sobra que pudieran encontrar. Y al igual que ella, se encontraron siendo los receptores inesperados de la plenitud de la promesa. Rut (como Abraham) se convirtió en un poderoso símbolo de las riquezas que aguardan a aquellos que dan un paso de fe y dejan atrás la comodidad por lo desconocido y lo que constituye un desafío espiritual.

Los escritores bíblicos también encontraron una semejanza con Jesús en el trato que recibió Rut. Ella llegó a Belén esperando ser considerada lo peor de lo peor. Pero Booz nunca la vio de esa manera. La llamó bendita y le dijo que no temiera. Cuando se postró ante sus pies, la hizo levantar como el padre del hijo pródigo y la homenajeó. Booz le entregó bendiciones inesperadas y la favoreció. ¿Sorprende entonces que los cristianos vean en él un reflejo del amor de Cristo por su iglesia gentil? La historia de Rut toca las fibras más íntimas de los lectores gentiles que se ven a sí mismos en ella.

Para los antiguos, la vida no estaba repleta de los tipos de elecciones que hoy tenemos. Parte del poder del relato de Rut radica en la idea de que es una *mujer* quien toma estas decisiones. En esa época, había muchas más restricciones a la hora de tomar una decisión, pero para la mujer esto era prácticamente imposible. En la actualidad damos por sentada la posibilidad de que la mujer elija qué quiere hacer con su vida, qué quiere estudiar y dónde irá a la escuela; hasta con quién se casará. Estas son decisiones elementales que definen la libertad básica de nuestra cultura. Pero ninguna de estas libertades estaba disponible, así por así, para las mujeres sobre las que estamos leyendo y, de hecho, no estaban disponibles para Rut. Entonces, ella tomó una decisión tan trascendental —dejar su tierra natal sin protección masculina y seguir a Noemí a Judea—, que habría resultado prácticamente increíble para los primeros lectores. Su decisión de hacerlo habría resaltado el poder de su determinación y la importancia de la decisión en sus propias vidas.

Entonces, ¿por qué lo hizo Rut? Esa es la pregunta que se esconde en el centro de esta historia. La Biblia no nos da la respuesta definitiva. Algunos intérpretes tienen la teoría de que Rut estaba haciendo una declaración religiosa; probablemente los años que había pasado siendo esposa de Mahlón y en una familia judía la habían convencido de que el Dios de Israel era el único dios verdadero y, también, el que ella quería seguir. Otros creen que la elección de Rut tiene raíces éticas y morales. Si hubiera decidido no viajar con Noemí de vuelta a Belén, Noemí, una mujer anciana, habría tenido que viajar sola. Es probable que el acto de bondad de Rut resguardara la vida de su suegra. Es evidente que Booz ve sus acciones a la luz de esta interpretación.

Pero ¿habrá alguna lección en lo desconocido? Pensemos en cuán a menudo nos vemos atrapados en preocupaciones sobre las motivaciones; la propias o las de algún otro. *¿Qué quiso decir en realidad con eso? ¿Cuál es su punto de vista?* El primer libro de Samuel 16:7 dice que:

> Jehová no *mira* lo que *mira* el hombre; pues el hombre mira lo que está delante de sus ojos, pero Jehová mira el corazón.

Solo Dios sabe lo que motivaba a Rut, pero en perfecta gracia y misericordia, su historia derivó en redención, esperanza y el legado mismo de Jesús.

Cuando Booz se casó con Rut, los ancianos de Belén pronunciaron una bendición sobre ambos:

> Jehová haga a la mujer que entra en tu casa como a Raquel y a Lea, las cuales edificaron la casa de Israel; y tú seas ilustre en Efrata, y seas de renombre en Belén. Y sea tu casa

como la casa de Fares, el que Tamar dio a luz a Judá, por la descendencia que de esa joven te dé Jehová. (Rut 4:11-12).

Qué declaración tan trascendental. Aquí, al final de la historia de Rut, la Biblia específicamente dirige nuestra mirada hacia atrás, a la historia de Tamar, y nos invita a ver la relación entre estas dos mujeres.

Porque, obviamente, Tamar era la sexta tatarabuela del mismo Booz y la madre fundadora (a través de Judá) de su casa. Los ancianos de la ciudad le estaban pidiendo a la familia de Booz que compartiera la fecundidad y la estabilidad de la casa de Fares, y resulta tentador ver algo más también. La historia de Tamar y Judá, a su vez, tuvo que ver con la elección. Tamar le dio a Judá la oportunidad, y él hizo lo correcto. Por otro lado, Rut le dio la oportunidad a Booz, y él tomó ese rumbo.

Los audaces movimientos de Tamar y Rut originaron una especie de reacción en cadena alrededor de ellas, inspirando elecciones que, al final, forjaron la historia. El pariente desconocido de Noemí queda relegado al olvido bíblico porque no aprovechó la oportunidad cuando se le presentó. Quizás no estaba preparado, o simplemente no era parte del plan mayor de Dios. Cada uno de nosotros, sin embargo, debe escuchar y estar dispuesto cuando el llamado inesperado de Dios llegue a nuestra vida. Tanto Tamar como Rut eran extranjeras, mujeres "injertadas" en la casa de Israel. Estaban fuera de la comunidad del pacto. No obstante, sus acciones garantizaron la continuidad de ese pacto. Como dice Mateo en el Evangelio, cuando nombra tanto a Tamar como a Rut en la genealogía de Cristo, las dos mujeres fueron claves en el linaje que trajo a Jesús a la tierra. Dios no hizo milagros a través de ellas *a pesar* de quienes eran, sino precisamente *debido* a quienes eran.

Jesús les dio una advertencia a los cómodos de su época cuando les dijo a los fariseos que "Dios puede levantar hijos a Abraham aun de estas piedras" (Mateo 3:9). La familia de Dios no se forma por los lazos sanguíneos, sino por las elecciones: la adopción de Dios, que no hemos hecho nada para merecer, excepto nuestra decisión de elegir a Dios.

Finalmente, la presencia de Tamar y Rut en la genealogía de Jesús nos señalan el valor y la riqueza de la obra de la mujer; especialmente en un mundo que no siempre ha visto ese valor. Rut le dio un hijo a Booz, y las mujeres de Belén se regocijaron con Noemí.

> Y las mujeres decían a Noemí: Loado sea Jehová, que hizo que no te faltase hoy pariente, cuyo nombre será celebrado en Israel; el cual será restaurador de tu alma, y sustentará tu vejez; pues tu nuera, que te ama, lo ha dado a luz; y ella es de más valor para ti que siete hijos (Rut 4:14-15).

¡Qué estremecedora les debe haber resultado esta declaración a los lectores antiguos! ¿Una mujer mejor que hijos varones? ¿Una mujer que ni siquiera tenía lazos sanguíneos era mejor que siete hijos? Pero un cristiano, al leer estas palabras, descubre, no solo el regocijo agradecido de Noemí, que al final ha encontrado paz, felicidad y amor, sino también el destello leve y distante del reino de Cristo. En el reino, cuyo germen vemos aquí, los últimos serán primeros y los primeros serán últimos; los despreciados y rechazados serán huéspedes del mayor honor y muchos vendrán de oriente y occidente a sentarse con Abraham, Isaac y Jacob (y Rut y Tamar) en el reino de los cielos.

Preguntas de estudio sobre Tamar y Rut

1. Las historias de Tamar y Rut tienen que ver con el matrimonio interracial, el matrimonio de un judío con un no judío. Dado lo que sabemos sobre la historia del pueblo de Israel según el relato bíblico, ¿por qué era mal visto el casamiento con un extranjero?

2. Lee Números 25 y la historia de Finés, nieto de Aarón. ¿Qué hace Finés? Lee Salmos 106:28-31 y cómo se registran las acciones de Finés allí. ¿Por qué se le conmemora tanto en la Biblia? ¿Qué amenaza evitó? ¿Cómo se revierte esta amenaza en los casos de Tamar y Rut?

3. Los únicos hijos de Jacob de los que tenemos datos personales son José y Judá. Tanto la historia de José como la de Judá muestran mujeres involucradas en actividad sexual ilícita; la esposa de Potifar en el caso de José (Génesis 39:1-23) y Tamar en el caso de Judá (Génesis 38:1-30). Aunque ambas participan en actos cuestionables, ¿cuál es la diferencia entre ellas? ¿Qué diferencias hace la Biblia al describirlas? ¿Qué cambios producen las mujeres en José y en Judá?

4. La extraordinaria historia de Rut nos muestra muchas virtudes beneficiosas para la humanidad; la lealtad de Rut, la devoción de Noemí, la generosidad y amabilidad de Booz. En ella, se recompensan los actos de los buenos. La historia se ubica en la época de los jueces bíblicos, y sabemos por el libro de Jueces, que está inmediatamente antes de Rut, que se trató de un período muy violento en la historia

de Israel. La mayoría de los relatos de los Jueces son sobre seres humanos en su peor versión. ¿Por qué Rut tendría una historia tan importante para contar? Dios no aparece en forma directa en la crónica. ¿Dónde está Él en esta historia?

Débora y Jael:
Mujeres valiosas

Débora

(JUECES 4:1-5:31)

El libro de Jueces es desafiante, en parte porque muestra la realidad de los hijos de Dios cuando se desvían de sus verdades y de sus promesas. Es un libro difícil de digerir porque hasta ahora hemos visto muchas victorias y bendiciones sorprendentes. Dios les proporcionó a los israelitas una manera de conquistar y entrar en la tierra prometida. Derribó los muros de Jericó ante ellos. Les dio su porción en una tierra de la que fluye leche y miel. Renovó su pacto con ellos para siempre, y ellos juraron seguirlo a Él y a sus leyes hasta el fin de los tiempos y más allá. ¿No sería lindo terminar aquí la historia, para ver al pueblo de Israel permanecer tan devoto a Dios como lo fue en el glorioso tiempo posterior al Éxodo, o como lo fue en el momento del triunfo en Jericó? Pero el relato de ese pueblo también es nuestra historia y sabemos que nuestra vida espiritual no funciona de esa manera. Simplemente no es posible vivir todos nuestros días en el clima de esos momentos en la "cima de la montaña". Cuando las exigencias de la vida diaria nos presionan por todos lados, podemos olvidar cuán cerca de Dios caminábamos en medio de nuestros desafíos más difíciles, cuán fiel siempre fue y cuánto necesitamos aferrarnos a su integridad y sus promesas. El mundo constantemente está tratando de alejarnos con alguna otra cosa, con arreglos temporales que desvían nuestros ojos de la bondad permanente de Dios. Enfrentémoslo, al igual que los israelitas, todos somos culpables de desconectarnos de Aquel que siempre ha sido y siempre será.

El libro de Jueces es el relato de ese deambular; la historia de cómo Israel obtuvo todos los dones que Dios podía darles y los desaprovechó. También es un recordatorio de que Dios siempre estuvo allí, siempre les dio a los israelitas la oportunidad de regresar, siempre les mostró el camino a casa; igual que como lo hace con nosotros hoy. Cada vez que se extraviaban y terminaban siendo oprimidos en las manos de sus enemigos, Dios les levantaba un juez que fuera líder y guía, y los dirigiera al arrepentimiento y la liberación.

> Y cuando Jehová les levantaba jueces, Jehová estaba con el juez, y los libraba de mano de los enemigos todo el tiempo de aquel juez; porque Jehová era movido a misericordia por sus gemidos a causa de los que los oprimían y afligían (Jueces 2:18).

Una de las estrellas guía que Dios le ofreció a su pueblo en el libro de Jueces fue la profetisa Débora. Y, debo admitirlo, es una de mis favoritas. Siento que las palabras de su historia saltan de las páginas de mi Biblia. La considero audaz e inspiradora, y estoy bastante segura de que la habría seguido a la batalla. Era una mujer con agallas y sabiduría, un modelo de conducta para la posteridad.

En las páginas de la Biblia, vemos que las mujeres juegan todo tipo de roles y viven vidas ricas y complejas. Pero no es común ver una mujer como líder de guerra, mucho menos como única autoridad de toda una nación. Débora tomó el mando del gobierno y dirigió su nación a la victoria en medio de días muy oscuros. Su nombre significa "abeja", y ¡cuán apropiado! Ella picó a sus enemigos, pero le trajo dulzura y alivio como el de la miel a su pueblo.

Cuando se nos presenta a Débora, el pueblo de Israel está bajo el control de Jabín, uno de los reyes cananeos. Su comandante militar más importante, Sísara, tenía "novecientos carros herrados", lo que significa que, militarmente, superaba a los hijos de Israel por una milla. No estaban ni cerca.

Una aclaración sobre los carros: para las personas del remoto país en las colinas, como lo era Israel, los materiales necesarios para construir un carro habrían implicado el comercio. El metal y las habilidades necesarias para hacer un carro de guerra sólido habría significado que comerciaban con una de las grandes potencias: Egipto o Siria, o incluso reinos locales como Moab y Edom. Los carros (al igual que los caballos que se necesitan para movilizarlos) suponían riqueza y vínculos con las grandes ciudades. Israel no tenía nada de eso. Entonces, la idea de que Israel fuera a la batalla contra un ejército tan fortificado como el de Jabín parecía ridícula.

Ese es el contexto en el que se levantó Débora:

> Gobernaba en aquel tiempo a Israel una mujer, Débora, profetisa, mujer de Lapidot; y acostumbraba a sentarse bajo la palmera de Débora, entre Ramá y Bet-el, en el monte de Efraín; y los hijos de Israel subían a ella a juicio (Jueces 4:4-5).

El puesto de juez requería más que el simple hecho de emitir una sentencia en una disputa legal. En esa época, también se lo consideraba un rol espiritual, y lo más probable es que fuera una posición de liderazgo. Las personas seguramente se presentaban ante Débora para que dirimiera cualquier caso o cuestión difícil, presumiblemente cualquier asunto; desde una disputa sobre propiedad hasta un homicidio. Como autoridad guía de la nación, se esperaba que Débora (igual que Moisés) dictaminara con respecto a diversos casos civiles. Guiaba a su pueblo en más de una manera. Fue tan famosa en los años por venir que el autor de Jueces llamó "la palmera de Débora" al árbol donde se sentaba. Pensemos en cuántas generaciones de personas de Israel deben haber guardado aquel lugar en conmemoración amorosa de uno de sus más valientes y singulares líderes.

Débora vio la terrible situación de su pueblo y decidió actuar bajo la dirección de Dios. Convocó al guerrero Barac, hijo de Abinoán, y le dijo ciertas verdades, directo de la Fuente, y sin suavizarlas. No le dijo: *Realmente necesito tu ayuda con esto.* Débora le habló con autoridad: "¿No te ha mandado Jehová Dios de Israel, diciendo: Ve, junta a tu gente en el monte de Tabor, y toma contigo diez mil hombres de la tribu de Neftalí y de la tribu de Zabulón?" (Jueces 4:6). Dios y Débora tenían un plan: apartar al general de Jabín, Sísara, para que enfrentara el desafío de Barac y sus hombres. Pero Barac no se embarcó de inmediato en esta osada estratagema.

Barac le respondió: Si tú fueres conmigo, yo iré; pero si no fueres conmigo, no iré (Jueces 4:8).

Como cualquier israelita informado, Barac sabía que la diferencia en armamentos era abismal y no parece que hubiera estado tan entusiasmado de encargarse de Sísara y su vasto arsenal de equipo militar. ¿Cuántas veces hemos reaccionado como él? *Señor, sé que me pides que haga X, pero realmente no estoy bien equipado. Seguramente no quieres decir eso, ¿o sí?* No era así con Débora. Ella *sabía* que lo había escuchado directamente de Dios y simplemente estaba entregando el mensaje. Tenía plena confianza en lo que Él le había ordenado hacer.

> Ella dijo: Iré contigo; mas no será tuya la gloria de la jornada que emprendes, porque en mano de mujer venderá Jehová a Sísara (Jueces 4:9).

Guau, ¡qué giro interesante de la historia! Además de ser una líder osada y valiente, Débora profetiza que será otra mujer la que vencerá a Sísara: Jael. Nosotros conoceremos a Jael en las páginas que siguen. La renuencia le cuesta a Barac lo mejor del triunfo.

A pesar de su reticencia, Barac reunió diez mil hombres de las tribus de Neftalí y Zabulón, y junto con Débora, se dirigieron al campo de batalla. A menudo me he preguntado qué habrá pensado Sísara de estos perdedores. ¿Los consideraría un intento tonto de enfrentarse a su gran ejército bien equipado?

Una vez que Sísara acomodó su ejército, Débora proclamó con confianza:

> Levántate, porque este es el día en que Jehová ha entregado a Sísara en tus manos. ¿No ha salido Jehová delante de ti? (Jueces 4:14).

Y con eso, Barac y sus hombres se dirigieron a la gran horda de batalla que los aguardaba.

Y Jehová quebrantó a Sísara, a todos sus carros y a todo su ejército, a filo de espada delante de Barac; y Sísara descendió del carro, y huyó a pie. Mas Barac siguió los carros y el ejército hasta Haroset-goim, y todo el ejército de Sísara cayó a filo de espada, hasta no quedar ni uno (Jueces 4:15-16).

Esto no estuvo ni cerca. No fue como si Israel hubiera obtenido una victoria rápida y lo hubiera dejado ahí. No, Barac y su ejército de montañeses (nada menos que a pie) vencieron a un ejército equipado con cientos de carros y caballos de guerra. La Biblia dice que no quedó ningún soldado bajo el mando de Sísara, ¡salvo por su desamparado comandante! Se trataba, ni más, ni menos, que de un acto de Dios; un milagro. Sísara abandonó su atesorado carro de hierro y se vio forzado a huir a pie. Pronto nos pondremos al día con él.

Lo que vemos en el siguiente capítulo, Jueces 5, es una obra de arte. Débora no solo era una profetiza y jueza que acababa de supervisar la derrota milagrosa de un enemigo opresor de su pueblo, sino que también se le atribuyó la autoría de un canto de victoria que es una de las composiciones poéticas más extensas de toda la Biblia. Débora y Barac se unieron para cantar una canción que tiene remembranzas de Moisés y el pueblo de Israel cuando atravesaron el Mar Rojo. El canto de Débora cuenta la historia de las guerras de Israel y del poder de Dios que lucha por sus hijos.

El estribillo recurrente de esta canción de victoria es: "Load a Jehová", y vale la pena detenernos por un minuto a considerar esta frase, que se repite una y otra vez en las páginas de la Escritura. ¿Qué significa con exactitud? ¿Qué se le pide al oyente que haga cuando se dice: "Load a Jehová"? Es la misma frase que Jesús usó cuando nos enseñó a orar:

"Santificado sea tu nombre". Se nos pide que contribuyamos a santificar el nombre de Dios, con nuestras palabras al igual que con nuestros hechos. Bendecimos al Señor cuando lo alabamos y también cuando le servimos. El llamado de Débora para con su pueblo era un llamado a rendirse a Dios con el pensamiento, los actos, las palabras y las acciones.

La canción de Débora también estaba dirigida hacia afuera, a los reyes y pueblos que los rodeaban. Israel nunca olvidó que la trama de su relación con Dios sucedía a plena vista de otras naciones y en calidad de testigos de ellos. Débora enfatizó esto al comienzo del canto:

Oíd, reyes; escuchad, oh príncipes; / Yo cantaré a Jehová, / Cantaré salmos a Jehová, / el Dios de Israel (Jueces 5:3).

Hay una esencia evangelística en el corazón de la canción de Débora. Obviamente ella quería fortalecer la fe de su gente y animarlos recordándoles el milagro que Dios había hecho para ellos. Pero ella tampoco había olvidado que lo que le sucedió a Israel pasó a la vista de todo el mundo. Débora esperaba que su canción fuera escuchada por "los que presidís en juicio" y al sonido "de los arqueros, en los abrevaderos". Allí esperaba que repitieran "los triunfos de Jehová, los triunfos de sus aldeas en Israel" (Jueces 5:10-11). La curiosa palabra *aldeas* se repite dos veces en la canción. Es una forma de contrastar la pobreza relativa de Israel con la riqueza y el poder de las naciones circundantes. Los habitantes de Israel eran, básicamente, granjeros sin el tipo de recursos comerciales que sus vecinos (o Jabín) tenían a disposición. Pero Dios intervino por ellos de alguna manera, bajando hasta sus vidas para obrar un milagro que les devolvería la libertad, algo que hizo una y otra vez.

Débora canta sobre lo malas que eran las circunstancias para su pueblo, lo desmoralizados que estaban antes de vencer a Sísara y su ejército.

Quedaron abandonados los caminos, / Y los que andaban por las sendas se apartaban por senderos torcidos. / Las aldeas quedaron abandonadas en Israel, habían decaído, / Hasta que yo Débora me levanté, / Me levanté como madre en Israel. / Cuando escogían nuevos dioses, / La guerra estaba a las puertas; ¿Se veía escudo o lanza / Entre cuarenta mil en Israel? (Jueces 5:7-8).

Seguramente suena como si se hubieran dado por vencidos. Sus caminos eran tan inseguros que no los podían usar. Y, en contraste con el dulce equipamiento que tenía Sísara, "¿se veía escudo o lanza entre cuarenta mil en Israel?". Estas personas estaban fuera de combate.

Como corresponde a una mujer de acción, la mayor parte de la canción de Débora se ocupa de describir el curso de la batalla. Débora no solo alababa a las tribus de Zabulón y Neftalí que pelearon con su pariente Barac, sino también a las tribus que se ofrecieron para ayudar a destruir el yugo de Jabín; Benjamín y especialmente Isacar. También mostró desprecio por las tribus que eligieron evitar la batalla: Rubén, Dan y Aser, siendo estos últimos los que habían quedado "a la ribera del mar, y se quedó en sus puertos" (Jueces 5:17).

¿Estas tribus habrán evaluado los planes de Débora y Barac y habrán pensado: *No me gustan estas adversidades. Creo que pasaremos de largo?* Desde un punto de vista práctico y político, es probable que su decisión tuviera sentido. Después de todo, había pocas garantías de que el plan de Barac y Débora funcionara. ¿Unos pocos campesinos de a pie contra un ejército profesional entrenado con cientos de carros y caballos de guerra? Vamos. Y si los israelitas fallaban, la ira de Jabín y Sísara sería abrasadora. ¿Qué sentido tenía revolver el avispero? Siempre ha habido y siempre habrá personas que no quieren agitar las aguas cada vez que Dios le dice a su pueblo: "¡Vayan!". Jueces 5:16 dice que "entre las familias de Rubén hubo grandes propósitos del corazón". Esto sugiere que había otros que podrían haberse involucrado con la iniciativa, pero que pasaron demasiado tiempo dudando sobre el asunto. Débora no los iba a dejar que se libraran tan fácilmente. En cambio, los nombró públicamente en su canción de triunfo.

Cuando analizamos la escena de la batalla, los recursos poéticos de Débora llegan a un conmovedor crescendo:

> Desde los cielos pelearon las estrellas; / Desde sus órbitas pelearon contra Sísara. / Los barrió el torrente de Cisón, / El antiguo torrente, el torrente de Cisón. Marcha, oh alma mía, con poder. / Entonces resonaron los cascos de los caballos / Por el galopar, por el galopar de sus valientes (Jueces 5:20-22).

Notemos lo extraordinario que es lo que dice Débora aquí. Al comienzo de la canción, ella habla de los reyes y pueblos circundantes. También es como si personificara a las estrellas como fuente de las inundaciones que hicieron empantanar a esos sofisticados carros. Algunos eruditos creen que la referencia es un golpe a la creencia de los cananeos en la astrología, como si Débora les dijera: "¡Ahí están las estrellas que los apoyan!". Para ella, Israel nunca había sido un rincón olvidado del universo, lleno de montañeses insignificantes. Sabía que, ante los ojos de Dios, su pueblo y su supervivencia eran una prioridad.

Demasiado a menudo titubeamos como esas tribus de Dan, Aser y Rubén, y nos negamos a creer las milagrosas promesas de Dios. Por miedo, en lugar de confianza, nos rehusamos a tomar el riesgo de confiar en Dios, de tomarnos de su infalible palabra. ¿Y si pudiéramos evocar el coraje de Débora, cuyo corazón estaba tan alineado con el de Dios, que no tenía dudas de su dirección en una situación que, según los estándares humanos, parecía ser una sentencia de muerte? El canto de Débora termina con una imagen poderosa. Finaliza con la descripción de la madre de Sísara, que con ansias espera que su hijo vuelva a casa:

> La madre de Sísara se asoma a la ventana, / Y por entre las celosías a voces dice: / ¿Por qué tarda su carro en venir? / ¿Por qué las ruedas de sus carros se detienen? Las más avisadas de sus damas le respondían, / Y aun ella se respondía a sí misma: / ¿No han hallado botín, y lo están repartiendo? / A cada uno una doncella, o dos; / Las vestiduras de colores para Sísara (Jueces 5:28-30).

Resulta difícil de leer. Cuesta internalizar la imagen de una mujer sentada esperando que su hijo regrese de la guerra, especialmente cuando, como lectores, sabemos el fin de la historia de Sísara. Pero tenemos que observar lo que realmente estaba sucediendo aquí. Las palabras que usa Débora sugieren que la madre de Sísara implicaban que el hijo estaba ausente, no solo disfrutando, sino más específicamente, violentando sexualmente a las jóvenes. El pasaje implica que los valores de esta mujer, madre o no, eran, en el fondo, paganos.

Vemos la maternidad entretejida en toda la canción de Débora; primero cuando ella se describe como la madre que se levantó en Israel cuando parecía que todos los demás se habían rendido (Jueces 5:7). La mayoría de las imágenes de maternidad en la Biblia se relacionan con la crianza, la ternura, la protección y el cuidado. El pueblo de Israel de la Biblia es nómada y agrícola; personas simples que vivían cerca de la tierra. Sus ideas sobre los roles de hombres y mujeres son igualmente simples; los hombres peleaban en la guerra y las mujeres cuidaban a los hijos. Pero en la historia de Débora, vemos que la maternidad también puede ser una tarea feroz y bélica. Débora fue elegida y equipada por Dios, llena de discernimiento y osadía, en un momento en que las personas de Israel necesitaban rescate, tanto espiritual como físico.

Pero al volver a la maternidad descripta en su canción, esta vez a través de una madre que pronto estaría sufriendo, Débora señala algo importante. Ofrece una ilustración muy humana de las realidades de la guerra, y creo que podemos inferir que estaba enviando un mensaje.

> Así perezcan todos tus enemigos, oh, Jehová; Mas los que te aman, sean como el sol cuando sale en su fuerza (Jueces 5:31).

Cuando Débora y Barac guiaban a los israelitas para celebrar una conquista milagrosa, también ponían sobre aviso al resto de enemigos: *Bueno, ¿ven lo que pasa cuando el pueblo de Israel, respaldado por su Dios invencible, se presenta para la batalla?*

La gozosa celebración termina con este último verso: "Y la tierra reposó cuarenta años" (Jueces 5:31). ¿Qué les parece si damos media vuelta hasta el comienzo de la historia? La primera vez que nos encontramos con Débora, Israel está enfrentando graves problemas. Es cierto, se lo merecían. El pueblo había hecho "lo malo ante los ojos de Jehová"

(Jueces 4:1). Estaban siendo aterrorizados por sus enemigos, que los habían oprimido con crueldad durante veinte años, y le suplicaron al Señor que los ayudara. Él les envió a Débora, que los guio hasta la paz.

Hay tanto aliento e instrucción en su historia. No es una casualidad que Dios eligiera y preparara a esta mujer. Le dio dones de discernimiento y comprensión que hicieron que su pueblo la respetara y confiara en ella. Los israelitas vinieron ante ella con sus polémicas. ¿Cuántas veces nos hemos sentido atrapados en ese lugar: hijos que pelean, compañeros de trabajo disgustados o amigos chismosos? No es necesario que estemos liderando una nación para enfrentar las responsabilidades que enfrentó Débora. Pero hay algo que podemos hacer. Podemos respirar, escuchar a un amigo frustrado, buscar la verdad de Dios, y tratar de poner paz amorosamente en todas las frustraciones que encontramos en nuestra vida diaria.

Débora dijo la verdad con confianza. No trató de minimizar la realidad de la situación, pero sí eligió confiar en la fidelidad de Dios. ¿Cuántos dudamos para hablar cuando Dios nos ha pedido, directamente, que lo hagamos? ¿Nos preocupa cómo recibirán las palabras, que las personas piensen que hemos transgredido los límites o perdido contacto con la realidad? ¡A ella no! Tenía un mensaje directo de Dios, y simplemente lo entregó. No dependía de ella, ni depende de nosotros, diluir los planes perfectos de Dios. Simplemente somos llamados a seguir su guía y dejar el resto en sus manos. ¿En qué aspectos de nuestra vida podemos ser más parecidos a Débora, para dar saltos de fe y confiar en que Dios nos dará la victoria? A Débora no se le asignó la tarea de estudiar minuciosamente los planes de batalla con Barac y resolver cada detalle antes de aparecer de la manera, en el momento y en el lugar que Dios le indicó. La mayoría de las veces, no tenemos un mapa perfecto para nuestros viajes espirituales. Pero como promete uno de mis versículos favoritos, Dios "es poderoso para hacer todas las cosas mucho más abundantemente de lo que pedimos o entendemos, según el poder que actúa en nosotros" (Efesios 3:20).

Ahora, vayamos a Sísara...

Jael

(JUECES 4:17-23, 5:24-27)

La historia de Jael es descabellada, repleta de traición y asesinato y más de una pregunta sin responder. Comencemos con esto: era una asesina.

Al comienzo, el relato impacta al lector por ser un tanto corto y dulce, pero es mucho más profundo. Jael no solo cumplió una de las profecías de Débora, sino que también asesinó a un hombre que había "oprimido" con crueldad a los israelitas por veinte años. Sus acciones coronaron una victoria inesperada y trascendental de Israel, que lanzó a su pueblo a una nueva era de paz. Entonces, echemos un vistazo.

Después de la masacre del ejército de Sísara, liderada por Débora y Barac, Sísara se escapó en búsqueda de la seguridad. En estado de pánico, encontró un lugar que le debe haber parecido el escondrijo perfecto.

Y Sísara huyó a pie a la tienda de Jael mujer de Heber ceneo; porque había paz entre Jabín rey de Hazor y la casa de Heber ceneo (Jueces 4:17).

Los ceneos eran nómadas, vivían en tiendas, a menudo en lugares cercanos a las tribus de Israel. También eran el pueblo de Jetro, suegro de Moisés, por lo que tenían cierto parentesco con el pueblo de Israel. Pero el pueblo de Jetro siguió siendo independiente, aun cuando, muchas veces, tuvieron una fuerte alianza con el pueblo de Israel y se establecieron cerca de ellos. Las historias a veces se entremezclan. En 1 Samuel 15:6, vemos al rey Saúl elogiar y agradecer a los ceneos porque mostraron "misericordia a todos los hijos de Israel, cuando subían de Egipto". Sea cual hubiere sido esa misericordia, para la época en que nos encontramos con Heber ceneo en Jueces, este tiene alianza con un rey que atormenta y maltrata al pueblo de Israel. Por ese motivo, Sísara debe haber tenido una sensación de protección o refugio en la tienda de Jael. Recordemos que Jael no era judía. No era uno de los hijos de Israel. Al igual que Rut y Rahab (a quien conoceremos luego), era gentil, una extranjera.

Seguro de la alianza con esta mujer, Sísara, que probablemente se sintiera emocional y físicamente exhausto por la batalla, estaba desesperado por encontrar refugio.

> Y saliendo Jael a recibir a Sísara, le dijo: Ven, señor mío, ven a mí, no tengas temor. Y él vino a ella a la tienda, y ella le cubrió con una manta. Y él le dijo: Te ruego me des de beber un poco de agua, pues tengo sed. Y ella abrió un odre de leche y le dio de beber, y le volvió a cubrir. Y él le dijo: Estate a la puerta de la tienda; y si alguien viniere, y te preguntare, diciendo: ¿Hay aquí alguno? tú responderás que no (Jueces 4:18-20).

La hospitalidad era la ley de la tierra, y Jael cumplió su parte a la perfección. Trató a su huésped con amabilidad, dándole algo de beber para hacerlo sentir cómodo... pero no por mucho tiempo. Después de que Sísara le indicara específicamente que lo escondiera y negara que se encontraba allí, ella entró en acción.

> Pero Jael mujer de Heber tomó una estaca de la tienda, y poniendo un mazo en su mano, se le acercó calladamente y le metió la estaca por las sienes, y la enclavó en la tierra,

pues él estaba cargado de sueño y cansado; y así murió (Jueces 4:21).

¡Caso cerrado!, podemos imaginar que dice el fiscal. Solo analicemos todas las leyes que Jael violó aquí: la ley de la hospitalidad, que dice que nunca se debe dañar a un huésped; la ley de la sumisión, que dice que una mujer debe estar al servicio de un hombre; la ley de Dios, que dice que el asesinato de un individuo indefenso es un sacrilegio. *¡Esperen!*, dice la defensa. *Esa no es toda la historia.* Los actos de Jael provenían directamente de su obediencia a la valentía de Débora. No olvidemos que Barac renunció a la posición de "honor" o "gloria" porque no obedeció de inmediato la palabra que Dios le envió a través de Débora, y, debido a eso, ella profetizó que "en mano de mujer venderá Jehová a Sísara" (Jueces 4:9). ¡Y, sin duda, así lo hizo!

Como a veces sucede con los personajes, la Biblia no nos cuenta qué pasa por la cabeza de Jael cuando se cumple esta profecía. Parece que, independientemente de las decisiones y las alianzas que tuviera Heber, Jael veía las cosas de manera diferente cuando Sísara llegó a su hogar. No sabemos nada de la vida de esa mujer antes de esto, pero aparentemente sentía cierta simpatía por el pueblo de Israel. ¿Habría visto el trato cruel que habían sufrido en las manos de Jabín y Sísara? ¿Simplemente fue movilizada por el Espíritu de Dios para rescatar a su pueblo después de que ellos clamaron a Él? Después de todo, Dios les había entregado a Débora, y ellos siguieron con valentía su liderazgo hacia la batalla.

Aunque no podemos conocer sus verdaderas motivaciones, sus actos no dejan dudas. Tengamos en cuenta que ni siquiera esperó a que Sísara viniera a ella; ella fue a encontrarlo. ¿Jael ya estaba preparando un plan en su cabeza antes de que Sísara hablara siquiera? Lo animó a desviarse hasta su tienda y a "no tener temor". Sabemos, en retrospectiva, que Sísara tenía muchos motivos para temer, pero Jael se esforzó mucho para que se quedara en paz y se aseguró de que se relajara. Lo cubrió con una manta, y cuando pidió agua, hizo algo mejor, y le dio leche; muy parecido a una madre tratando de calmar a su niño y ayudarlo a dormir. Hizo todo lo posible para hacerle creer que estaba seguro, honrado, y que lo trataban como en su propio palacio. ¡Y entonces atacó! A propósito, el nombre Jael significa "cabra de la montaña". Pensemos en la comparación: ¡una mujer desafiante, que dio leche y demostró ser muy fuerte!

> Y siguiendo Barac a Sísara, Jael salió a recibirlo, y le dijo: Ven, y te mostraré al varón que tú buscas. Y él entró donde ella estaba, y he aquí Sísara yacía muerto con la estaca por la sien (Jueces 4:22).

Esto me resulta parecido a una escena de película. Todo el lugar está paralizado por una sangrienta batalla que se cobró las vidas de miles. Un ejército poderoso con el mejor equipamiento militar a la redonda acaba de ser hecho añicos, sin que quedara un soldado vivo. Su capitán está oculto en la tienda de una extraña, sin dudas recuperándose de la enorme y espectacular pérdida. Su anfitriona lo asesina. Justo en ese momento, el general del otro lado aparece corriendo en acalorada búsqueda del primer general, solo para que una mujer le informe con calma: *Tengo a su general, está muerto*. No intentó esconderlo. No, con valentía se acercó al principal comandante de Israel y le reveló lo que había hecho.

¿Qué tipos de consecuencias debería enfrentar Jael, esposa de Heber? Con seguridad sabía que, después de asesinar a Sísara, la alianza de su esposo con Jabín habría terminado. ¿Se habría terminado su matrimonio también? Después de todo, lo que hizo estaba en contradicción directa con el convenio o el acuerdo que Heber había concertado con Jabín. Al matar a Sísara, Jael puso todo en juego. ¿Su esposo la expulsaría, se rehusaría a volverle a hablar, le negaría incluso un odre de agua para que se llevara con ella al desierto? No era poco lo que arriesgaba Jael para compartir su porción con el pueblo de Israel; se trataba de su vida completa. Y esta es la cuestión con Jael: ella tenía otra opción. Si Ester, por ejemplo (de quien hablaremos después), no hubiera atendido a la plegaria de su pueblo, habría sido culpable de abandonarlos en su momento de necesidad. Mardoqueo lo sabía y le advirtió que ni siquiera ella, siendo reina, estaría a salvo. También le avisó que, si ella no se levantaba para salvar a los judíos, alguien más lo haría. Él sabía que Ester estaba en el palacio "para esta hora" (Ester 4:14). Ester no actuó en un vacío, pero Jael podría haberlo hecho. ¿Y si simplemente hubiera decidido darle a Sísara un poco de agua y un lugar para descansar? Nadie la habría condenado. Pero, al igual que Rahab, Jael tomó una decisión que benefició no solo a su propio pueblo, sino también al pueblo de Israel. Podría haberse quedado tranquila para seguir con su vida, pero vio a los israelitas necesitados y respondió.

Jael tomó una estaca y la introdujo en el cráneo de Sísara, que dormía. Si la hubieran descubierto en ese momento, la habrían matado al instante. Imaginémosla deslizándose silenciosa por la tienda, acercándose de a poco a Sísara entregado al sueño. La Biblia dice que se movía "calladamente" y, en esa palabra, podemos distinguir con cuánto cuidado y lentitud se debe haber desplazado, a la vez que contenía la respiración. ¿Y si Sísara se hubiera despertado cuando la estaca estaba contra su sien? ¿Qué habría pasado entonces? Aunque en la Biblia esto solo representa unas pocas palabras, existían muchos puntos en los que el plan de Jael podría haber salido mal. Sin importar lo que sintiera por dentro, Jael tendría que haberse esforzado para mantener la calma y apropiarse de toda la fortaleza disponible.

Finalmente, llegamos a la imagen de la estaca misma. ¿Por qué habría elegido esto como arma asesina? En las culturas nómadas, las mujeres eran responsables de armar y desarmar las tiendas. Eran quienes decidían no solo cómo administrar y acomodar el mobiliario dentro de la carpa, sino también el lugar donde se emplazaría la tienda y cómo se armaría. De manera bastante literal, la mujer construía el hogar. Entonces, que Jael tuviera una estaca y un mazo a mano, y que hubiera sabido cómo usarlos, no habría sido inusual. Estos elementos deben haber representado lo doméstico, la hospitalidad, la seguridad; la manera en que se montaba un hogar y no la manera en que se convertía en una escena del crimen. Jael tomó estas herramientas tan simbólicas y las usó para terminar con la vida de un general que huía de una batalla devastadora, una que lanzó a los israelitas al camino de una victoria extraordinaria.

Justo después de decirle a Barac lo que había hecho, leemos:

> Ese día Dios derrotó a Jabín, rey de Canaán e hizo ganar al pueblo de Israel. Y la mano de los hijos de Israel fue endureciéndose más y más contra Jabín rey de Canaán, hasta que lo destruyeron (Jueces 4:23-24).

Un capítulo que comienza con la terminante declaración de que "los hijos de Israel volvieron a hacer lo malo ante los ojos de Jehová" finaliza con la rotunda derrota de un rey que les causaba tanto dolor; con dos mujeres, Débora y Jael, interpretando los papeles principales.

Entonces, ¿qué idea tenemos de una mujer guerrera? Bueno, aquí está lo que tiene que decir la canción de Débora sobre Jael:

> Bendita sea entre las mujeres Jael, Mujer de Heber ceneo; / Sobre las mujeres bendita sea en la tienda. / Él pidió agua, y ella le dio leche; / En tazón de nobles le presentó crema. / Tendió su mano a la estaca, / Y su diestra al mazo de trabajadores, / Y golpeó a Sísara; hirió su cabeza, / Y le horadó, y atravesó sus sienes (Jueces 5:24-26).

¡Qué puesto de alabanza constituye el ser bendita "entre las mujeres"! En la canción de Débora, a Jael se le da un trato de héroe. Fue quien ejecutó el acto decisivo cuando Dios la puso en el lugar para actuar. Fue proactiva, en contraste con la renuencia inicial de Barac. Una de las cosas más extraordinarias sobre la canción de Débora es que se trata de uno de los pocos casos en la Biblia donde una mujer elogia a otra de esta manera. También es un caso en el que una mujer es objeto de una profecía. Así como Dios había preparado y establecido a Débora para enderezar a su pueblo y guiarlos a la victoria, Jael fue puesta exactamente donde Dios necesitaba que estuviera para darles a sus hijos la ventaja y la victoria final sobre Jabín.

En las batallas que Dios nos pone por delante, Él espera que luchemos como Jael, con las armas que tenemos. Y nos brinda muchas; armas mucho más poderosas que los novecientos carros de hierro que no pudieron salvar a Sísara y a sus hombres. Y, aprendemos de nuestro estudio del Nuevo

Testamento, que Dios primero envió a su Hijo y luego al Espíritu Santo, Dios con nosotros y en nosotros, para equiparnos. También nos ha dado un aliento y una armadura muy prácticos, como Pablo describe en Efesios:

> Por lo demás, hermanos míos, fortaleceos en el Señor, y en el poder de su fuerza. Vestíos de toda la armadura de Dios, para que podáis estar firmes contra las asechanzas del diablo. Porque no tenemos lucha contra sangre y carne, sino contra principados, contra potestades, contra los gobernadores de las tinieblas de este siglo, contra huestes espirituales de maldad en las regiones celestes. Por tanto, tomad toda la armadura de Dios, para que podáis resistir en el día malo, y habiendo acabado todo, estar firmes. Estad, pues, firmes, ceñidos vuestros lomos con la verdad, y vestidos con la coraza de justicia, y calzados los pies con el apresto del evangelio de la paz. Sobre todo, tomad el escudo de la fe, con que podáis apagar todos los dardos de fuego del maligno. Y tomad el yelmo de la salvación, y la espada del Espíritu, que es la palabra de Dios (Efesios 6:10-17).

Sísara no va a aparecer en nuestros hogares, pero el enemigo seguramente está contando con ello. No, no vamos a tomar una estaca, pero debemos armarnos totalmente con la verdad, la rectitud, la paz, la fe y mucho más. La mayoría de nosotros jamás vivirá en ningún lugar cerca de un campo de batalla terrenal como el de Débora y Jael, pero vivimos en uno espiritual todos los días.

Pablo sigue hablando del poder de la oración, y es probable que sea la más poderosa oración que tenemos hoy en día. Exhorta a los creyentes:

Orando en todo tiempo con toda oración y súplica en el Espíritu, y velando en ello con toda perseverancia y súplica por todos los santos (Efesios 6:18).

Podemos cubrirnos completamente a nosotros, nuestras familias, nuestros seres queridos y nuestros líderes con la protección de la oración; ¡y se nos convoca a hacerlo! Es un tema que Pablo vuelve a desarrollar en 2 Corintios 10:3-5:

Pues, aunque andamos en la carne, no militamos según la carne; porque las armas de nuestra milicia no son carnales, sino poderosas en Dios para la destrucción de fortalezas, derribando argumentos y toda altivez que se levanta contra el conocimiento de Dios, y llevando cautivo todo pensamiento a la obediencia a Cristo.

En un sentido muy real, se nos convoca a ser guerreros en la era moderna, según el molde de Débora y Jael. No nos dieron un ejemplo de timidez y dudas. En cambio, fueron un paradigma de obediencia y acción.

La Escritura no dice si Débora y Jael se conocieron alguna vez, pero a menudo me lo he preguntado. Jael llevó a Barac directamente hasta el cuerpo sin vida de Sísara. Entonces, ¿Barac le rogó que corriera hasta Débora con él para contarle lo que había hecho? Debe haberse dado cuenta de que Jael era el cumplimiento mismo de la profecía de Débora.

¿Cómo se habrá sentido Jael al tener el primer puesto en el equipo de la victoria, ser honrada en la jubilosa canción de alabanza que Débora y Barac proclamaron, y escuchar que se la llama bendita entre las mujeres? La belleza de la historia de Jael es la manera en que desvía todas las expectativas que penden sobre su cabeza. Se esperaba que Jael le ofreciera hospitalidad a Sísara y le ofreció lo contrario. Su esposo estaba de acuerdo con el enemigo de Israel y, sin embargo, ella fue alabada y aplaudida por los enemigos de su esposo. Israel tuvo un increíble cambio de suerte ese día gracias al favor de Dios, mientras que dos mujeres cambiaron el curso de la historia al ser los golpes de derecha y de gancho de Dios; su profetiza y su guerrera.

Sea cual fuere la batalla que has librado, que enfrentas ahora o tendrás en algún momento, Dios estará contigo. Él es fiel para equiparte y guiarte. Nos brinda una amplia gama de armas, pero depende de nosotros estar preparados y dispuestos. ¿Cuánto esfuerzo estoy dedicando para saturar mi mente y mi corazón con la verdad? ¿Cuánta Escritura almaceno en los bancos de mi memoria para que, cuando aparezca el enemigo, pueda desarticularlo con las poderosas palabras de Dios? ¿Y cuánto tiempo le dedico a la oración, para buscar su voluntad y pronunciar sus poderosas promesas sobre mi hogar y mis seres queridos? Al igual que Débora, ¡quiero estar armada y lista cuando llegue mi misión!

Preguntas de estudio sobre Débora y Jael

1. Jael y su esposo eran ceneos, una tribu que tenía antiguas conexiones con el pueblo de Israel. Jetro, suegro de Moisés, y su esposa, Séfora, eran ceneos, por lo que el casamiento interracial entre judíos y ceneos no se consideraba un tipo de amenaza para la religión de Israel como lo era el casamiento interracial entre judíos y cananeos. Lee los siguientes pasajes para rastrear la historia de los ceneos y descubrir qué pueden decirnos sobre su relación con Israel: Génesis 15:18-21, Éxodo 3:1, Números 10:29, Jueces 1:16 y 4:11, y 1 Samuel 15:6. ¿Qué significa esto en cuanto a nuestra imagen de Jael?

2. Aunque la historia de Jael es un ejemplo de violencia de una mujer contra un hombre, en la mayoría de las historias bíblicas la violencia se produce en el sentido opuesto. Tanto en Génesis 19 (la historia de Lot) como en Jueces 19 (la historia de la concubina del levita), las mujeres son ofrecidas a las turbas violentas. Lee estas historias, luego reflexiona sobre lo que diferencia la acción violenta de Jael de esas acciones violentas. ¿Qué nos dice la Biblia sobre la diferencia entre el vulnerable y el poderoso?

3. Débora asume el liderazgo en un momento complicado para Israel. Mirar el "antes" y el "después" nos puede dar información sobre Débora también. La precedieron los jueces Aod y Samgar; Aod también asesinó a un líder del enemigo de Israel para conseguir la victoria. Lee Jueces 3:7-30. ¿En qué se diferencian los actos de Aod de los de Débora? ¿Por qué Dios juega un papel primordial en la

historia de Débora, pero no está presente en la de Aod? La Biblia nos dice que, con Débora como jueza, "la tierra reposó cuarenta años" (Jueces 5:31). ¿Qué sucedió después de ese período? Lee Jueces 6:1-10. ¿Qué hizo el pueblo de Israel y qué le dijo el profeta?

4. El siguiente juez que se levantó fue el famoso héroe Gedeón. Lee Jueces 6: 11-16. ¿Cuál es la queja de Gedeón contra Dios? ¿Dios responde sus preguntas? ¿De qué manera?

Ana y María:
Portadoras de la verdad de Dios

Ana
(1 SAMUEL 1:1-2:21)

Primero Samuel comienza la narrativa que se entretejerá en gran parte del Antiguo Testamento: la historia de David. La vida y el viaje del rey David, que ocupa tres libros de la Biblia y los Salmos, comienza con Abraham y termina con un pastor, proveniente de una zona montañosa, que al final se convierte en rey y une todas las tribus de Israel. Pero para tener a David, debemos tener a Samuel, el profeta que ungió a David para su gran llamado. Y para tener a Samuel, debemos tener a Ana. Entonces, Ana se coloca justo en el centro del desarrollo de esta historia. Una vez más, las páginas de la Biblia incluyen a una mujer, no solo como personaje principal en la impactante aventura que nos lleva hasta la llegada de nuestro Salvador, sino también como ejemplo para enseñarnos lecciones importantes sobre la fe y la redención en medio del dolor.

Como vimos en las historias de Sara y Raquel, Ana ansiaba un hijo propio. En las páginas del Antiguo Testamento, vemos la nostalgia y la desesperación de la infertilidad en una cultura que consideraba la bendición de los hijos como el mayor bien posible, y como evidencia del favor de Dios. En aquella época, ser privada de la maternidad debe haberse percibido como ser apartada de la gracia de Dios. Y era especialmente doloroso, en comparación con otras mujeres que, además de tener hijos propios, usaban ese bello regalo como arma, burlándose y denigrando a quienes no los tenían. Es justo ahí donde encontramos a nuestra heroína, Ana.

Pero ¿quién era ella? Ana no era la esposa de un jefe poderoso como Abraham o Jacob. Estaba casada con un hombre común, de un desconocido poblado de la zona montañosa de Efraín. En cuanto a su esposo, solo sabemos que tenía la seguridad financiera como para mantener a dos esposas, lo que quizás no significaba que era tan próspero como pensamos. Era levita de nacimiento, pero vivía en un pueblo no levita. Sin embargo, la Escritura dice que, todos los años, subía de su ciudad, Ramataim, a Silo, para ofrecer sacrificio a Dios. Y, de ese sacrificio, los sacerdotes le restituían carne para que comiera junto a su familia, una parte ritual de la comida. Es aquí en donde vemos por primera vez la devoción de Elcana por Ana, debido a su tristeza por no tener hijos:

> Y cuando llegaba el día en que Elcana ofrecía sacrificio, daba a Penina su mujer, a todos sus hijos y a todas sus hijas, a cada uno su parte. Pero a Ana daba una parte escogida; porque amaba a Ana, aunque Jehová no le había concedido tener hijos (1 Samuel 1:4-5).

Elcana no le daba a Ana lo que se acostumbraba. En cambio, duplicaba su ración, con lo que le manifestaba su amor y cuidado, a pesar de que no tenía hijos.

Creo que a la mayoría de las mujeres nos resulta fácil conectarnos con Ana, aunque no hayamos enfrentado la infertilidad. Todos sabemos lo que significa preocuparnos ante la posibilidad de que no se cumpla algún deseo profundo. Y lo peor es que haya personas que están al tanto de ese anhelo sin cumplir, y aumenten nuestro dolor, burlándose de nosotros y nuestras heridas abiertas para añadir sufrimiento. Eso es exactamente lo que enfrentaba Ana. A Penina no le era suficiente sentirse satisfecha con todo lo que tenía en su vida; tenía que refregárselo a Ana en la cara y golpearle el corazón en donde más le dolía:

> Y su rival la irritaba, enojándola y entristeciéndola, porque Jehová no le había concedido tener hijos. Así hacía cada año; cuando subía a la casa de Jehová, la irritaba así; por lo cual Ana lloraba, y no comía (1 Samuel 1:6-7).

Quedémonos aquí por un minuto. Ya resulta bastante difícil imaginar el hecho de compartir nuestro esposo con otra mujer, mucho más desear un hijo que no se materializa. Pero el golpe final vino de la otra esposa de Elcana: además de tener varios hijos propios, se burlaba de Ana y la insultaba, hasta el punto de llevarla al llanto y a la completa desesperación por su infertilidad. Ana no experimentaba su congoja sintiendo el apoyo de otra mujer que estuviera a su lado en la angustia. En cambio, es muy probable que se sintiera sola y atacada. En lugar de compartir la carga, Penina la aumentaba, y mucho.

Elcana puede haber estado casado con dos mujeres, pero a quien amaba era a Ana; muy parecido a Jacob, que amaba a Raquel. Al igual que Raquel, Ana era la esposa elegida, pero también era la que no tenía hijos. El gozo de ser la amada era contrarrestado por la desdicha de no tener la posibilidad de la maternidad. Elcana podía ver el sufrimiento de Ana:

> Y Elcana su marido le dijo: Ana, ¿por qué lloras? ¿por qué no comes? ¿y por qué está afligido tu corazón? ¿No te soy yo mejor que diez hijos? (1 Samuel 1:8).

Según mi parecer, las palabras de Elcana indican que su matrimonio significaba mucho más que el mero hecho de tener herederos y descendientes. En todo caso, él sentía que su profundo amor por Ana era más que suficiente. Ella no estaba allí solo para aumentar la familia; él la adoraba. Y, sin embargo, a menudo me pregunto si no estaba al tanto del abuso por parte de Penina. ¿Los insultos y las burlas se producían fuera del alcance de sus oídos? Las lágrimas de Ana no solo se relacionaban con su infertilidad. También tenían que ver con el ardor de la sal que constantemente le tiraban en la herida.

La Escritura no dice cuál fue la respuesta de Ana, si es que la hubo. Pero sí sabemos que hizo algo: se levantó de la mesa y se fue a orar al tabernáculo. Una de las cosas más reconfortantes sobre nuestro Dios es que siempre está allí esperando nuestras oraciones, aun cuando no podemos encontrar las palabras para expresar nuestra angustia más profunda. A veces nuestras heridas son tan delicadas y están tan en carne viva, que no tenemos la fortaleza para compartir ese nivel de vulnerabilidad con otro ser humano. Dios ya conoce las grietas más profundas de nuestro corazón, entonces, ir a Él solo nos lleva hacia el lugar más seguro de todos aquellos en donde podemos estar. Filipenses 4 nos recomienda no estar ansiosos sobre nada, "sino sean conocidas vuestras peticiones delante de Dios en toda oración y ruego, con acción de gracias" (Filipenses 4:6). Y eso fue exactamente lo que hizo Ana:

Ella con amargura de alma oró a Jehová, y lloró abundantemente. E hizo voto, diciendo: Jehová de los ejércitos, si te dignares mirar a la aflicción de tu sierva, y te acordares de mí, y no te olvidares de tu sierva, sino que dieres a tu sierva un hijo varón, yo lo dedicaré a Jehová todos los días de su vida, y no pasará navaja sobre su cabeza (1 Samuel 1:10-11).

Ana clamó al Señor: *Recuérdame, mira mi aflicción, por favor no me olvides.* Sea cual fuere tu lucha, esta oración funciona. El siguiente versículo nos dice que, incluso después de prometerle a Dios que le daría su primogénito, "ella oraba largamente delante de Jehová" (1 Samuel 1:12). No puso su oferta sobre la mesa y se marchó. Continuó derramando su corazón ante Dios.

No es que Ana dijo: *Bueno, si me das esto que realmente quiero, yo te daré esto otro.* No intentó hacer un trato con Dios. Cuando le hacemos una oferta a Dios no se trata de Dios, sino de nosotros. No es que Dios necesite algo de nosotros. Hacerle una oferta tiene que ver con asegurarnos de que, como en cualquier relación de afecto, no solo estamos tomando del ser querido, sino que también le damos algo a cambio.

Mientras Ana hacía su promesa, la historia dio un giro interesante. Vemos que Elí, el sacerdote, había estado observando que Ana "lloró abundantemente" y llegó a una conclusión incorrecta.

Ana oraba en su corazón, y movía los labios, pero no se escuchaba su voz. Elí pensó que estaba borracha y le dijo: "¿Hasta cuándo estarás ebria? Digiere tu vino".

¡Auch! ¿Alguna vez te clavó un aguijón alguien que tuvo una mala primera impresión de ti en tu momento más débil y desesperado? Todos hemos sido víctimas, y a la vez, probablemente hayamos sido victimarios. Este momento siempre me hace estremecer y pensar en alguna situación en que he sido culpable de juzgar mal a alguien o a sus circunstancias, ¡y esta era una mujer que necesitaba consuelo!

Entonces, parece necesario brindar un poco de contexto histórico. Había dos cosas que no eran comunes en el mundo antiguo: la oración y la lectura silenciosas. En ambos casos se esperaba escuchar la voz de alguien. En la actualidad es común que alguien cierre los ojos y ore en silencio, pero ese no era el método de oración normal en los tiempos en que Elí servía como sacerdote, por eso su conjetura estaba errada. Ana, en el que sin dudas era uno de los momentos más vulnerables para ella, explica:

> Y Ana le respondió diciendo: No, señor mío; yo soy una mujer atribulada de espíritu; no he bebido vino ni sidra, sino que he derramado mi alma delante de Jehová. No tengas a tu sierva por una mujer impía; porque por la magnitud de mis congojas y de mi aflicción he hablado hasta ahora (1 Samuel 1:15-16).

"¡Señor, por favor, no tenga una imagen equivocada de mí! Estoy derramándome ante Dios y rogándole que me ayude".

No hay indicios de que Ana en algún momento le haya dicho a Elí por qué estaba tan atribulada, sino solo que lo estaba, pero él pronto vio su corazón y su necesidad. Le dijo que se fuera en paz, y agregó: "Y el Dios de Israel te otorgue la petición que le has hecho" (1 Samuel 1:17). Esas palabras de consuelo eran todo lo que ella necesitaba. La Biblia dice que siguió su camino, finalmente comió algo "y no estuvo más triste" (1 Samuel 1:18). Hay tanto poder en las palabras de aliento que compartimos con otros, ya sean seres queridos o extraños. La escena con Ana y Elí me recuerda Proverbios 16:24:

Panal de miel son los dichos suaves; / Suavidad al alma y medicina para los huesos.

¿No era simplemente esto lo que Ana necesitaba, algo de dulzura sanadora? Elí podría haber aumentado su congoja y, de hecho, comenzó por ese camino, pero pronto dio vuelta la situación, y compartió palabras que le dieron lo que más le hacía falta en su aflicción: esperanza. Que esta sea una lección para nosotros, para que demos un paso y levantemos a quienes sufren a nuestro alrededor.

No mucho después de que Ana y Elcana regresaron a su hogar, ella quedó embarazada y tuvo un hijo. ¡Cuánto gozo incontenible debe haber sentido! Los años de clamor a Dios no habían sido en vano. Su disposición para orar y llorar abiertamente y en humildad en el tabernáculo, pidiéndole ayuda a Dios, al final dio fruto. Le dio a su primogénito el nombre de "Samuel", o "Shemuél" en hebreo, que significa "oído de Dios". A Ana se le concedió su pequeño. Durante el tiempo que lo cuidó y crio, no fue con el resto de la familia a la peregrinación anual a Silo. Pero cuando el niño llegó a la edad en la que tradicionalmente se le destetaba, ella preparó su regalo más preciado y lo llevó de vuelta a Silo, donde había orado con tanto fervor para que algún día llegara. Le había llegado el momento de volver a presentarse ante Elí, el sacerdote.

Y ella dijo: ¡Oh, señor mío! Vive tu alma, señor mío, yo soy aquella mujer que estuvo aquí junto a ti orando a Jehová. Por este niño oraba, y Jehová me dio lo que le pedí. Yo, pues, lo dedico también a Jehová; todos los días que viva, será de Jehová. (1 Samuel 1:26-28).

En ningún lugar de la Escritura vemos un instante de duda de Ana. Le había prometido a Dios que, si le enviaba un hijo, le devolvería ese muchacho para que lo sirviera. Nos resulta difícil hacer caber en nuestra mente humana la idea de abandonar un pequeño de unos tres años, para vivir horas (quizás días) lejos, con personas que nunca conoció. Pero parece que Ana estaba en completa paz al cumplir la promesa que había hecho.

Al leer la historia de Ana, no podemos evitar pensar nuevamente en la historia de Abraham, y su decisión de seguir el mandamiento de Dios y ofrecer a Isaac en sacrificio. En cada caso, el padre debió enfrentar el hecho de abandonar a su hijo amado, una figura de lo que Dios mismo hizo al enviarnos a Jesús. Independientemente de las emociones o las objeciones humanas que puedan aparecer en nuestra mente a medida que seguimos leyendo la Escritura, en todos los casos, vemos una obediencia sostenida al llamado de Dios. ¿Hay algo en nuestra vida a lo que nos estamos aferrando con demasiada fuerza? ¿Nos estamos negando a entregarle a Dios el control de una situación o estamos valorando los regalos que nos dio más que al dador mismo? No seríamos humanos si a veces no tratáramos de racionalizar estas cosas.

Es un proceso diario, al menos para mí, elegir poner a un lado aquello a lo que me he apegado demasiado. Me gusta verme como una persona que ha transitado suficientes valles como para haber logrado una medida de madurez, pero la realidad a menudo pone un espejo ante mi cara, y no siempre me gusta lo que veo. Cuando azotó la pandemia de COVID-19, me di cuenta de que me sentía muy conmocionada.

Las personas enfermaban de gravedad y morían. Dentro del país, y en todo el mundo, las economías y los mercados se sacudían, y muchos de los consuelos de la vida, como abrazar a un amigo o compartir una comida en un restaurante, de pronto quedaron fuera de alcance. Fue un impacto. Y fue un reajuste para mí. Pronto se me hizo dolorosamente obvio que simplemente había muchas *cosas* que me estaban trayendo consuelo y bienestar, cuando, en cambio, debería haber estado completamente cimentada y arraigada en mi Padre celestial. Me pregunté de qué estaba dispuesta a deshacerme para encontrar gozo pleno e inmutable en Dios. Siguiendo el ejemplo de Ana, puse todo lo que más apreciaba en las manos de Dios y en su servicio.

En el caso de Ana, fue una decisión que le trajo gozo. Lo siguiente que escuchamos de ella es una canción de alabanza, con una de las poesías más extraordinarias de la Biblia. La canción de Ana es la oración más larga de su tipo en el Antiguo Testamento, y se convirtió en un modelo para otras oraciones que vemos luego en la Escritura.

> Mi corazón se regocija en Jehová, / Mi poder se exalta en Jehová; / Mi boca se ensanchó sobre mis enemigos, / Por cuanto me alegré en tu salvación. / No hay santo como Jehová; / Porque no hay ninguno fuera de ti, / Y no hay refugio como el Dios nuestro (1 Samuel 2:1-2).

Dentro de mi mente, imagino a Ana con las manos elevadas al cielo, quizás incluso danzando mientras derrama su corazón. Con esa declaración tan sublime como punto de partida, ¿cómo prosigue la oración de Ana? Tenía la clara visión de un Dios de poder absoluto, que podía alterar cualquier condición de la vida según su voluntad:

Jehová mata, y él da vida; Él hace descender al Seol, y hace subir. Jehová empobrece, y él enriquece; Abate, y enaltece. Él levanta del polvo al pobre, Y del muladar exalta al menesteroso, Para hacerle sentarse con príncipes y heredar un sitio de honor. Porque de Jehová son las columnas de la tierra, Y él afirmó sobre ellas el mundo (1 Samuel 2:6-8).

El Dios de Ana es el Dios que revierte las cosas. Derrocó la muerte. Él solo pudo humillar y exaltar. Tomó a aquellos que no tenían nada y les dio todo. Ella había vivido esta realidad, y su visión del poder infinito de Dios era más amplia que su propia ciudad en la montaña de Ramataim. Ana también puso el centro de atención en una verdad que se repite una y otra vez en la Escritura: los caminos de Dios no son los caminos del mundo.

Porque nadie será fuerte por su propia fuerza. Delante de Jehová serán quebrantados sus adversarios, / Y sobre ellos tronará desde los cielos; Jehová juzgará los confines de la tierra (1 Samuel 2:9b-10a).

Como vemos a lo largo de toda su Palabra, Dios confunde al mundo obrando a través de personas que no son las más fuertes ni las más agraciadas. Es el contraste entre nuestra fragilidad humana y su infinito poder que termina llevando la gloria directamente adonde pertenece: a Él.

Me encanta que tengamos más información sobre cómo continuó la vida de Ana mientras creció Samuel en su servicio a Dios. Ella y Elcana continuaron con sus fieles sacrificios y viendo a su joven hijo, y "le hacía su madre una túnica pequeña y se la traía cada año" (1 Samuel 2:19). Qué bello detalle que incluye esta historia. Ella debe haber amado trabajar en ese proyecto todos los años, esperando darle la nueva prenda a Samuel en persona. Las visitas familiares también tenían una nueva motivación cada año:

> Y Elí bendijo a Elcana y a su mujer, diciendo: "Jehová te dé hijos de esta mujer en lugar del que pidió a Jehová. Y se volvieron a su casa" (1 Samuel 2:20).

Dios fue bueno. Ana tuvo tres hijos y dos hijas. Una mujer que pasó años en la miseria y la desesperación, escarnecida por su cruel rival, se convirtió en madre de muchos. ¡Cuánto gozo! Es imposible quitarle a Dios. Como Cristo escribe en el Evangelio de Lucas:

> Dad, y se os dará; medida buena, apretada, remecida y rebosando darán en vuestro regazo; porque con la misma medida con que medís, os volverán a medir (Lucas 6:38).

Además de tener su propia prole en casa, Ana pudo ver que Samuel creció hasta convertirse en un gran profeta, uno que sirvió a Dios, y que un día ungiría al rey David para que guiara a su pueblo. Fue al guiar a Samuel hasta David cuando vemos que Dios revela una de sus verdades más grandes:

> Jehová no mira lo que mira el hombre; pues el hombre mira lo que está delante de sus ojos, pero Jehová mira el corazón (1 Samuel 16:7b).

Cuán cierto resuena para Ana. Dios vio su angustia y su anhelo, aun cuando Elí la juzgara mal en un primer momento. Él vio sus años de pena, y los crueles insultos de Penina.

También vio en ella a una mujer fiel que daría a luz un profeta encargado de guiar a su pueblo.

Las palabras de la oración de Ana resonaron por los siglos. Se impregnaron en el alma de los judíos devotos. Y cuando, cientos de años después, otra judía devota, que también experimentó cómo Dios llegaba hasta su vida, buscaba las palabras para expresar ese milagro, ella debe haber vuelto a las palabras de Ana como modelo. La canción de María (que leeremos en las páginas que siguen) y la canción de Ana expresan la misma verdad: un Dios que obra de maneras inesperadas, que cambia circunstancias de manera radical, y que usa a los humildes y los desconocidos para llevar a cabo sus planes más grandiosos. Tanto María como Ana vieron más allá de la visión limitada de los sucesos que acontecían en sus vidas hasta comprender el cuadro mucho mayor.

Ana es un exquisito ejemplo de fe. Cuando soportó años de espera y hostigamiento, no permitió que las burlas de Penina le produjeran resentimiento. ¿Estaba herida? Sí. Pero nunca la vemos devolver el veneno, ni conspirar contra la mujer que le causó tanto dolor. En cambio, permitió que su agonía la llevara directo a la única fuente que podría ayudarla. Dios conocía cada circunstancia delicada y dolorosa de su vida; cada detalle. Ella le entregó todo el bagaje y le rogó misericordia. Continuó en oración fiel, una oración tan ferviente que atrajo la atención en el tabernáculo. Ana llevó, con valentía y honestidad, ante Dios su pedido.

¿Existe alguna herida o necesidad tan profunda en tu vida que, como Ana, deberías dejar a los pies de Dios? ¿Hay alguna relación que parece no tener arreglo, un problema económico, un sueño que sientes que nunca se hará realidad? No hay nada que te detenga, salvo tu propia vacilación.

No tenemos que viajar hasta un tabernáculo o un templo. Si hemos colocado en Él nuestra confianza, Dios está en nosotros y con nosotros cada minuto, de cada hora, de cada día, sin fallar. Solo pensemos que la decisión de Ana de arriesgar todo sentó las bases para que la nación de Israel un día estuviera unida bajo el rey David, conocido como el hombre según el corazón de Dios. Una mujer tuvo la fe de apartarse de sus críticos, llevar su caso directamente a Dios, y mostrarse como el ser más vulnerable ante Él. ¿Qué gran regalo, respuesta milagrosa, o sabiduría profunda nos aguardará cuando estemos dispuestos a hacer lo mismo?

María

(ÉXODO 2:1-10, 15:20-21; NÚMEROS 12:1-16, 20:1)

A primera vista, los puntos de conexión entre la vida de María y la vida de Ana podrían parecer no tan obvios. Ana llevaba una vida privada, una vida de esposa y madre. Estaba contenta con dejar que su esposo y su hijo ocuparan puestos públicos en oración y liderazgo. La vida de Ana era tranquila y estaba fuera del centro de atención. La vida de María, varios siglos antes de Ana, era cualquier cosa menos eso. María y sus hermanos eran el frente y el centro dentro del pueblo de Israel. El hermano de María, Moisés, a pesar de su humildad y reticencia inicial para encargarse de la tarea, había sido elegido por Dios para liderar a su pueblo. María y su otro hermano, Aarón, apoyaron a Moisés en ese liderazgo y, como veremos un poco después, se metieron en serios problemas cuando decidieron cuestionarlo.

La Biblia no dice con claridad si María se casó o si tuvo hijos propios. Sin embargo, su vida estaba dedicada a su pueblo y a su supervivencia, empezando por su hermano Moisés, el mismo hombre que guiaría al pueblo fuera de Egipto y lejos del devastador yugo de siglos de esclavitud. A esta audaz mujer se la llamó "María la profetisa" (Éxodo 15:20). Muy pocas mujeres de la Biblia tienen el título, porque ser profeta significaba, además de hablar la palabra del Señor, guiar al pueblo para que escuchara y aceptara esa verdad. Era, por definición, un llamado público.

Conocemos a María a través de una de las historias de escuela dominical más conocidas de todos los tiempos. Está ambientada en la opresión que estaba sufriendo el pueblo judío. Los judíos se habían multiplicado al punto de que el rey de Egipto comenzó a temerles, por lo que tramó un plan:

> Ahora, pues, seamos sabios para con él, para que no se multiplique, y acontezca que, viniendo guerra, él también se una a nuestros enemigos y pelee contra nosotros, y se vaya de la tierra. Entonces pusieron sobre ellos comisarios de tributos que los molestasen con sus cargas (Éxodo 1:10-11a).

La Escritura dice que las cosas no salieron según el plan. En realidad, "cuanto más los oprimían, tanto más se multiplicaban y crecían" (Éxodo 1:12), y esto preocupó a los egipcios más todavía. La Biblia dice que los egipcios "temían a los hijos de Israel" (Éxodo 1:12), y ese temor los llevó a abusar de los israelitas con más dureza: los hacían trabajar "con rigor", amargando sus vidas con trabajos forzados (Éxodo 1:14). Como eso no funcionó, el rey les ordenó a las parteras hebreas que asesinaran a cualquier niño que naciera, pero las parteras no lo hicieron. Cuando se les llamó para que explicaran por qué había tantos bebés varones hebreos vivos, las parteras explicaron que las hebreas simplemente daban a luz con demasiada rapidez, ¡antes de que ellas pudieran llegar! Entonces, Faraón se involucró, y declaró que cada niño hebreo que naciera debería ser arrojado al río Nilo para que muriera. Nadie obedeció esta orden tampoco.

Como se nos dice en Éxodo, cuando Moisés nació, era un niño "hermoso". Si nos adelantamos y echamos un vistazo a Hebreos 11:23, vemos esta descripción de lo que sucedió:

> Por la fe Moisés, cuando nació, fue escondido por sus padres por tres meses, porque le vieron niño hermoso, y no temieron el decreto del rey.

Cuando la madre de Moisés, Jocabed, ya no pudo esconderlo más, decidió actuar:

Tomó una arquilla de juncos y la calafateó con asfalto y brea, y colocó en ella al niño y lo puso en un carrizal a la orilla del río. Y una hermana suya se puso a lo lejos, para ver lo que le acontecería (Éxodo 2:3b-4).

Me encanta el tono irónico que hay aquí. El Nilo es el mismo río donde Moisés debería haber muerto ahogado meses antes. Sin embargo, su madre posteriormente, a propósito, lo colocó allí para salvar su vida. Jocabed sabía que no se trataba de un niño común, y por eso no jugaba según las reglas. Al igual que Ana, le estaba enviando a su hijo de vuelta a Dios.

María, que había sido enviada para controlar la situación, probablemente haya sido también una niña. ¿Qué clase de riesgo enfrentaba? Se suponía que todo bebé hebreo varón debería ser ahogado en ese río, no que flotara en un bote hecho a medida. ¿Y si era descubierta y alguien con sentimientos no tan simpáticos hacia los israelitas la conectaba con Moisés? María debe haber tenido coraje, incluso a tan temprana edad. En su soberanía, Dios ya había escrito el siguiente e inesperado capítulo en la historia de Moisés y María: una rescatista relacionada con el mismo hombre que había ordenado que los bebés como Moisés murieran:

Y la hija de Faraón descendió a lavarse al río, y paseándose sus doncellas por la ribera del río, vio ella la arquilla en el carrizal, y envió una criada suya a que la tomase. Y cuando la abrió, vio al niño; y he aquí que el niño lloraba. Y teniendo compasión de él, dijo: De los niños de los hebreos es este (Éxodo 2:5-6).

La propia sangre y carne de Faraón había aparecido y pronto dedujo lo que sucedía. Inmediatamente se dio cuenta de que se trataba de una de las criaturas que su propio padre quería asesinar, y eso despertó su compasión. ¡Pero esperen! Esto se pone cada vez mejor. En lugar de esconderse, María audazmente se metió en una situación potencialmente peligrosa:

Entonces su hermana [María] dijo a la hija de Faraón: ¿Iré a llamarte una nodriza de las hebreas, para que te críe este niño? Y la hija de Faraón respondió: Ve. Entonces fue la doncella, y llamó a la madre del niño, a la cual dijo la hija de Faraón: Lleva a este niño y críamelo, y yo te lo pagaré. Y la mujer tomó al niño y lo crio. (Éxodo 2:7-9).

Imaginemos la valentía de María en ese momento. Todo en ella debe haber revelado rápido que ella misma era una niña de los esclavos hebreos. Pero ella pensó en la posibilidad de que esta mujer, que había mostrado compasión por su hermano bebé también pudiera tener misericordia con ella, y dio un paso al frente. La idea de María, de ofrecer a su propia madre para que cuidara a su bebé, fue una jugada genial. ¿Cómo se habrá sentido Jocabed cuando María corrió a contarle las noticias? *¡Mamá, ven conmigo! No vas a creerlo.* Contra todo pronóstico, el bebé estaba vivo y a salvo, y Jocabed una vez más lo pudo sostener en sus brazos. Cuando escuchó que una princesa de Egipto en realidad pagaría para que ella fuera la madre de su propio precioso hijo, debe haberse deshecho en lágrimas de regocijo, y susurrado tantas plegarias de gratitud a Dios. Lo que terminaría siendo la milagrosa salida de su pueblo comenzó con las acciones valientes de una joven.

Es probable que Jocabed haya cuidado al bebé hasta el destete, aproximadamente a los tres años. Y luego la Escritura dice que "cuando el niño creció, ella lo trajo a la hija de Faraón, la cual lo prohijó, y le puso por nombre Moisés" (Éxodo 2:10). Tres años era un tiempo largo como para formar un vínculo con un niño, igual que pasó con Ana y Samuel. Es probable que Moisés llevara las memorias de su familia hebrea cuando se fue al palacio de Faraón. Debido a este tiempo con su familia de sangre, sabía quién era, y llegó a identificarse con su pueblo. Eso fue lo que indujo a Moisés, años después, a intervenir cuando vio a un egipcio que golpeaba a un esclavo hebreo:

Entonces miró a todas partes, y viendo que no parecía nadie, mató al egipcio y lo escondió en la arena (Éxodo 2:12).

Y no pasó mucho antes de que Moisés descubriera que lo que había hecho no era un secreto. Más bien lo contrario. Faraón lo supo y trató de matarlo, y esto llevó al profeta por un camino completamente nuevo, literalmente. Huyendo de la muerte segura, y al mismo tiempo, de las comodidades de una vida real, Moisés llegó a Madián. Ya no estaba con su pueblo natal, los hebreos, ni era bien recibido en su familia adoptiva, los egipcios. Pero se estableció allí, en Madián; se casó con la hija de un sacerdote del lugar y comenzó su propia versión del exilio.

No sabemos cuántos años pasaron, pero durante la ausencia de Moisés, las cosas continuaron empeorando para los hebreos. Comenzaron a clamar a Dios, y Él los escuchó y tuvo misericordia de ellos. Se le apareció Dios a Moisés en una zarza ardiente y le ordenó que fuera a rescatar a sus hijos. Cabe decir que Moisés no se embarcó de inmediato:

Entonces Moisés respondió a Dios: ¿Quién soy yo para que vaya a Faraón, y saque de Egipto a los hijos de Israel? (Éxodo 3:11).

Este es un tema común en toda la Escritura: el Dios del universo, que sabe exactamente cómo se desarrollarán los eventos, da las instrucciones y las vasijas humanas entran en pánico. Fueron y vinieron hasta que finalmente Moisés aceptó su destino, y Dios obró milagro tras milagro hasta lograr la liberación de los israelitas. Sin embargo, los egipcios persiguieron a los israelitas que escapaban, y cuando se acercaron al Mar Muerto, su fe comenzó a tambalearse. En Moisés, que se había reunido con su familia, inclusive María, vemos un cambio sorprendente en comparación con su reticencia inicial:

> Y Moisés dijo al pueblo: No temáis; estad firmes, y ved la salvación que Jehová hará hoy con vosotros; porque los egipcios que hoy habéis visto, nunca más para siempre los veréis. Jehová peleará por vosotros, y vosotros estaréis tranquilos (Éxodo 14:13-14).

Fueron testigos con sus propios ojos del milagro final que los liberó del brutal dominio de Egipto; el cruce del Mar Rojo por tierra seca, y luego el hecho de que el mar se tragara a sus enemigos.

Y aquí nos volvemos a encontrar con María, ya convertida en una mujer adulta que lidera el canto de alabanza de las mujeres en el Mar Rojo, después de la milagrosa liberación de los israelitas. Es una líder reconocida de su pueblo cuando dirige el regocijo después de la destrucción del ejército de Faraón que los persiguió:

Y María la profetisa, hermana de Aarón, tomó un pandero en su mano, y todas las mujeres salieron en pos de ella con panderos y danzas. Y María les respondía: Cantad a Jehová, porque en extremo se ha engrandecido; Ha echado en el mar al caballo y al jinete. (Éxodo 15:20-21).

Hay tanto condensado en estos breves y simples versos. El gozo trasciende las páginas. Moisés y todo el pueblo acaban de cantar una canción de regocijo mucho más extensa, pero es María la que busca un instrumento musical para convertir todo el regocijo en danza. Solo pensemos en la euforia que deben haber sentido. Durante generaciones, estas personas estuvieron bajo el dominio de la esclavitud brutal, sin esperanza real a la vista. Fueron oprimidos, y aun cuando Moisés intentó liberarlos, atravesaron grandes plagas. Cuando finalmente llegaron al Mar Rojo, debe haber parecido que su buena suerte se había topado con un muro de ladrillos. Sin embargo, Dios quitó el obstáculo final para que pudieran ser libres, y luego lo usó para someter a sus enemigos. ¿Qué otra cosa podían hacer que no fuera cantar y bailar? La danza era una parte importante de la adoración de los judíos en el templo, y los Salmos registran instancias de danza ritual. El mismo rey David danzó ante el arca de Jehová.

Como testigos de esta exuberante celebración del pueblo de Dios, nos cuesta mucho volver a encontrarnos con María en la Escritura. A pesar de lo que habían visto y experimentado juntos, no todo fue viento en popa para los hebreos después del cruce del Mar Rojo. Además, los israelitas pasarían décadas deambulando por el desierto, muchos de ellos cada vez más irritables e incrédulos. Se quejaron por la comida que Dios les envió y comenzaron a extrañar Egipto, de todos los lugares, el entorno de su esclavitud:

Nos acordamos del pescado que comíamos en Egipto de balde, de los pepinos, los melones, los puerros, las cebollas y los ajos (Números 11:5).

Es fácil ponernos en lugar de jueces con esta situación. ¿Cómo podían estas personas olvidarse de aquello de lo que habían sido rescatados y no esperar ansiosos la increíble tierra que Dios les había prometido? La verdad es que estaban perdiendo las esperanzas. En algún momento, su desesperación incluso comenzó a afectar los lazos de hermanos que compartían Moisés, Aarón y María. Números 12 comienza con esta sombría afirmación: "María y Aarón hablaron contra Moisés" (12:1). Ups, se habían cansado de que su hermano tuviera el liderazgo, que era exactamente el papel que Dios le había asignado. Recordemos que no fue un rol que Moisés asumió de buen grado. La disconformidad de Aarón y María continua:

Y dijeron: ¿Solamente por Moisés ha hablado Jehová? ¿No ha hablado también por nosotros? Y lo oyó Jehová. Y aquel varón Moisés era muy manso, más que todos los hombres que había sobre la tierra (Números 12:2-3).

En mi cabeza, puedo escuchar (así como Jan se queja contra su hermana gritando: "¡Marcia!, ¡Marcia!, ¡Marcia!", en la serie *La tribu Brady*) como los dos hermanos andan refunfuñando: "¡Moisés!, ¡Moisés!, ¡Moisés!". En lugar de estar satisfechos con lo que les pertenecía, envidiaban los dones de Moisés y claramente ansiaban liderazgo. Y en esto estaban equivocados.

Dios ardía de ira y convocó a los tres hermanos a una reunión. No sé cómo reaccionarías tú, pero yo habría estado aterrorizada. Aterrorizada. Nada de lo que hacemos queda fuera de la vista de Dios. Una vez que estuvieron allí, Él llamó a María y Aarón para que se acercaran:

> Y él les dijo: Oíd ahora mis palabras. Cuando haya entre vosotros profeta de Jehová, le apareceré en visión, en sueños hablaré con él. No así a mi siervo Moisés, que es fiel en toda mi casa. Cara a cara hablaré con él, y claramente, y no por figuras; y verá la apariencia de Jehová. ¿Por qué, pues, no tuvisteis temor de hablar contra mi siervo Moisés? (Números 12:6-8).

¡Bum! Sean cual fueren los puestos que Aarón y María creían que tenían, Dios dejó bien en claro que a Moisés le correspondía otro lugar. Él y Dios hablaban cara a cara, sin intermediarios, sin sueños ni visiones; solo Dios y Moisés. Y Dios quería saber, dado que María y Aarón estaban bien al tanto de esa relación, por qué se atrevían a hablar contra Moisés. Una vez que se levantó la nube de Jehová, "he aquí que María estaba leprosa como la nieve" (Éxodo 12:10).

Hay algo llamativo en cuanto a este suceso: solo María fue castigada, lo que implica que ella era la cabecilla detrás de estas quejas. Dios la azotó con lepra, y tanto Moisés como Aarón se comprometieron con su defensa. Aarón le rogó a Moisés que no pusiera sobre ellos ese pecado y esa tontería. Luego Moisés apeló directamente a Dios en favor de María. "Entonces Moisés clamó a Jehová, diciendo: Te ruego, oh, Dios, que la sanes ahora" (Números 12:13). Dios efectivamente la sanó, pero solo después del ruego de Moisés y de un "tiempo fuera" que duró siete días, período en el cual ella fue expulsada del campamento, y tuvo mucho tiempo y espacio para pensar sobre sus errores. La Escritura cuenta que "el pueblo no pasó adelante hasta que se reunió María con ellos" (Números 12:15). Todo el campamento de Israel hizo una pausa, en espera de que María volviera con ellos.

En ningún momento de la pelea, el castigo, ni la reconciliación, Dios trató a María como otra cosa que no fuera una profetiza que había cometido un error, a pesar del hecho de que su pecado se había manifestado tan públicamente. No se cuestionó su liderazgo sobre el pueblo. María seguía siendo María, respetada tanto por Dios como por los israelitas. Y allí, también, María le enseñó una lección al pueblo: cómo equivocarse y aun así encontrar redención. Ella les enseñó a recibir la corrección de Dios cuando fue llamada a hacerlo y cómo sobrellevar un error, aun cuando ese error sucediera ante la mirada pública. Fue una lección que los israelitas revivirían, una y otra vez, mientras deambulaban y pecaban, y tenían que buscar a Dios en arrepentimiento y humildad.

La Biblia dice poco sobre la muerte de María, salvo lo que expresa este sucinto registro: "Llegaron los hijos de Israel, toda la congregación, al desierto de Zin, en el mes primero, y acampó el pueblo en Cades; y allí murió María, y allí fue sepultada" (Números 20:1). Es probable que haya habido una gran manifestación de lamento público del pueblo: ahora, después de esos años de tropiezos por el desierto, uno de sus profetas amados se había ido. María tenía un puesto de estima y respeto entre los hebreos. Décadas antes, se había quedado a vigilar a su hermano bebé, luego lo ayudó a rescatar a los israelitas, según el guion que había trazado el Señor, pero no pudo ver la tierra prometida hacia la que se dirigían.

Entonces, ¿cuáles son los puntos en común entre las vidas de Ana y María? Cada una de ellas fue testigo de cómo un miembro querido y valorado de su familia era entregado a Dios para cumplir sus planes y propósitos más grandes. Y ambas parecieron hacerlo con total confianza de que Dios tenía el control. Ana vio al joven Samuel ir hacia el cuidado de Elí, sabiendo que podría verlo una vez al año, como mucho. María, también, vio que Moisés era llevado a un territorio desconocido, primero el Nilo y luego el palacio de Faraón, sin saber si quiera si volvería a reunirse con su preciado hermano.

Las dos mujeres tenían una relación cercana con Dios; confiaban, oraban y creían en sus promesas. Ambas estuvieron en primera fila para ver milagros increíbles. Dios bajó hasta sus vidas e hizo lo que era imposible para el esfuerzo humano. Ana presenció un milagro en su propio cuerpo, y María vio un milagro en la ribera del Mar Muerto, cuando su pueblo sobrevivió contra toda esperanza.

Y aquí es donde María y Ana trascienden los siglos para encontrarse y unir sus manos. Las dos expresaron abiertamente su alabanza y gozo en el Señor. Ana abrió su boca y dejó salir su canción; María buscó su pandero y dirigió a las mujeres en una danza de victoria y agradecimiento. El gozo de ambas mujeres era verdadero; un regocijo profundo que proviene de una vida de contacto cercano con Dios. Gozo y felicidad no son lo mismo. Hubo tristezas en la vida de María, como las hubo en la de Ana. El gozo existe a pesar de las circunstancias, pues se arraiga en lo profundo de la estabilidad de la fidelidad de Dios.

¿En qué ha sido confiable Dios durante tus luchas más desafiantes? ¿En qué momentos se apareció, aun cuando no fue de la forma en que pensabas o planeabas? Todos tenemos algún testimonio para compartir, una canción de alabanza o victoria para cantar. Eso no significa que tengamos que pararnos al frente de la iglesia y lanzarnos a una danza interpretativa, pero podemos estar emocionados y motivados para compartir la bondad de Dios, tanto con personas que lo conocen como con aquellos que no. Piensa en las veces en que te ha conmovido alguna persona deseosa de compartir sus momentos de mayor vulnerabilidad, no para generar lástima, sino para darle la gloria a Dios. Mis valles más dolorosos me han vuelto más comprensiva, más preparada para compartir el sufrimiento de otros, y más equipada para darles palabras de aliento; entonces, ¿por qué no lo haría? Es raro que Dios nos llame para ser profetas, pero sí nos anima a contar cuando baja hasta nuestra vida, a compartir con las personas lo que hemos experimentado y aprendido acerca de Dios; las cosas específicas que hemos visto y las enseñanzas que nos dejaron. También tiene que ver con la manera en que nosotras, como mujeres, podemos construir una comunidad en la que nos apoyemos mutuamente, e invitemos a otros corazones sedientos a que se nos unan. Que en nuestra vida hoy podamos estar dispuestos a compartir nuestro gozo, así como Ana y María nos enseñaron hace siglos, a fin de darle toda la gloria a Él.

Preguntas de estudio sobre Ana y María

1. El clímax de la historia de Ana está en la canción de Ana, en 1 Samuel 2:1-10. Su canto se produce al final del relato, después de que ha dado a luz a Samuel y lo ha entregado para servir en el templo con Elí. ¿Por qué la Biblia ubica la canción de Ana aquí y no cuando nació Samuel? ¿Tuvo alguna importancia que fuera cantada públicamente, en el templo de Silo? ¿Por qué sí o por qué no?

2. La canción de María, la madre de Jesús, en el Nuevo Testamento (Lucas 1:46-55) toma como modelo la canción de Ana. Compara ambas. ¿Qué cambios le hace María a la canción de Ana? ¿Qué cosas deja igual? ¿En qué manera esto refleja la diferencia en las circunstancias de cada una de ellas? ¿Qué nos dice de María el hecho de que conociera tan bien la canción de Ana? ¿Qué nos dice sobre la importancia de la canción de Ana en las prácticas y la vida de los judíos?

3. Ana es esposa y madre, y su familia es todo su mundo. Es fácil perder de vista el hecho de que María también es una mujer de familia, aunque su familia se vea un poco diferente. Para María, sus hermanos Aarón y Moisés son todo su mundo. Uno de los lugares en los que vemos esto con mayor claridad es en su reacción al incidente de la lepra (Números 12:9-16). ¿Qué dice Moisés cuando ve sufrir a su hermana? ¿Qué dice Aarón? ¿Qué nos dice esto sobre la importancia de María para ellos y su importancia para Israel?

4. Cuando María dirige a las mujeres para regocijarse en el
Mar Rojo, la Biblia dice que "todas las mujeres salieron en
pos de ella con panderos y danzas" (Éxodo 15:20). María
es la primera mujer que guía una celebración con danza y
canto en la Biblia. Lee otros ejemplos: Jueces 11:32-34 (la
hija de Jefté); 1 Samuel 18:6-7 (las mujeres que recibieron
a David); y 1 Samuel 1:20 (las mujeres que recibieron a Saúl
y Jonatán).

¿Qué celebran las mujeres en estos ejemplos? ¿Qué
diferencias hay entre estas celebraciones y la de María?
¿En qué se asemejan? ¿En qué sentido María podría haber
servido de modelo para estas mujeres posteriores?

Ester y Rahab:
Heroínas de fe sin preverlo

Ester

(LIBRO DE ESTER)

Ester es una de las únicas dos mujeres de la Biblia que tiene un libro que lleva su nombre, ¡y no es cualquier libro! Debido a su longitud, sabemos más de su historia que de cualquier otro personaje femenino de la Escritura, y la trama está repleta de giros inesperados, y sucesos que obligaron a Ester a reunir cada pizca de coraje que tenía.

De todas las mujeres que hemos analizado en este estudio, es probable que Ester sea la más peculiar. Por un lado, fue la única coronada como reina. La suya es la única historia que ocurre por completo fuera de la tierra de Israel. Aunque el relato de Rut comenzó en Moab, su llegada a Israel (tanto en sentido literal como espiritual) fue el corazón de la historia. Pero Ester solo vivió en Persia, junto con toda su comunidad, el resto de los judíos que habían sido llevados cautivos y seguían viviendo allí. Entonces, al leer su historia, tenemos la sensación de que estamos entrando en un mundo independiente, y esa idea de distancia (de Israel, de su comunidad judía, y, hasta en algunos momentos, pareciera, de Dios) es, en gran parte, la manera en que se desarrolla la aventura de Ester.

Nuestra primera pista sobre ella nos llega con el nombre, que ni siquiera era judío. Algunos eruditos creen que es una variación de "Ishtar", el nombre de la diosa babilonia de la fertilidad, y un nombre femenino popular en Babilonia y Persia, o simplemente que significa "estrella". De cualquier modo, "Ester" no era judío, pero ella también tenía un nombre judío: "Hadasa", que significa "árbol de mirto". En su vida diaria, es probable que usara su nombre pagano, y esto nos revela que la comunidad judía no solo había sido desarraigada de su tierra de Israel en el exilio, sino también de su propio concepto de considerarse el pueblo elegido de Dios. Muchos años antes, un remanente de ellos había vuelto del exilio, a Israel (liderados por Esdras y Nehemías), pero la familia de Ester estaba entre los judíos que se quedaron atrás y fueron asimilados por la cultura persa. Después de setenta años en Babilonia (y bajo el régimen de Persia), cimentaron hogares y familias, se sintieron cómodos y satisfechos, con una forma de vida diferente. Es probable que los judíos como Ester no supieran nada de la vida desarrollada en Judea. Se trataba de una joven que ya había sufrido una tragedia en el momento en que la conocemos: la Biblia cuenta que fue llevada y criada por su primo Mardoqueo después de la muerte de sus padres.

Esta también es la única historia que transcurre completamente en una ciudad, y no es cualquier ciudad, sino Susa, la gran capital persa. En comparación, Jerusalén parecía un páramo campesino. Susa, una inmensa ciudad con un millón de habitantes, presumía de su extraordinaria arquitectura, cuyas ruinas han sobrevivido hasta hoy. Además, era el epicentro del arte, la industria y el mundo académico del vasto imperio persa. No había nada en Israel que se asemejara a esta magnífica ciudad real. Y es probable que Ester haya crecido allí, igual que miles de judíos, porque varias generaciones antes, sus ancestros habían sido capturados por las fuerzas de Nabucodonosor y llevados a Babilonia. Cuando Babilonia cayó en manos de los persas, las comunidades cautivas se trasladaron a las tierras de Persia también. Esta migración de judíos de Israel a Babilonia, y luego a Persia y más allá, se conoce como "la diáspora", la gran dispersión de judíos por todo el antiguo Oriente Próximo y más lejos. Este era el mundo de Ester, una esfera donde es probable que nadie que ella conociera hubiera estado en Israel, ni hablado hebreo con fluidez. Es posible que Ester misma tampoco supiera hebreo. La comunidad hebrea conservaba una identidad distintiva, pero es factible que haya sido principalmente étnica.

Tampoco sabemos cuál había sido la educación religiosa de Ester. Sí sabemos que nunca pronunció el nombre de Dios en su historia. Sería comprensible si el Dios de su familia y conocidos le pareciera muy distante. ¿Conocía alguna de las grandes historias de las mujeres de su pueblo, María y Ana, Débora y Jael? Es posible que haya escuchado de ellas a través de su primo mayor, Mardoqueo, que la cuidó cuando quedó huérfana. ¿También fue él quien se aseguró de que ella tuviera un nombre judío y supiera algo sobre sus raíces?

Si vivimos nuestra fe con integridad, todos podremos sentirnos como Ester en algunos momentos de nuestro camino con Dios. Como cristianos, somos llamados a vivir como un pueblo apartado de los valores que nos rodean y, a menudo, hacer elecciones diferentes a las de nuestros vecinos. ¿Alguna vez sientes la misma reticencia que sintió Ester sobre esas elecciones, pensando dos veces antes de revelar quién realmente eres? Ese sentido de "otredad" del mundo que nos rodea es un signo positivo, hablando en sentido espiritual. Jesús nos recuerda que su reino no es de este mundo, y debido a ello, no hay nación, ni club, ni partido político en el que los cristianos puedan sentirse completamente como en casa. La Escritura dice que somos "extranjeros y peregrinos sobre la tierra" (Hebreos 11:13). Entonces, en cierta forma, la realidad de la diáspora y el exilio en que vivía Ester, es una realidad en la que somos llamados a vivir diariamente como cristianos; y eso es algo bueno.

La historia de Ester tiene todos los elementos de un éxito de taquilla de Hollywood. El emperador de Persia, Asuero, dio un gran banquete y convocó a su esposa, la reina Vasti, para que apareciera ante él y todos los nobles, a fin de mostrar su belleza. Quería exhibirla, entonces, cuando ella se negó a venir, el rey ardió en ira y se divorció de ella al instante. Desde el mismo comienzo de la historia, la autoridad del rey queda bien clara. Si él te llamaba y te negabas a aparecer, o si te presentabas sin invitación, estabas en grandes problemas. Ambas acciones se consideraban una enorme falta de respeto hacia el monarca, y un insulto al rey, que implicaba el destierro o la muerte.

A fin de elegir otra reina, el rey decidió organizar una especie de concurso de belleza y seleccionar una nueva compañera entre las jóvenes más deseables de la tierra. Reclutada a este concurso (no creo que esta hubiera sido una invitación que se rechaza), Ester pronto se convirtió en la favorita. Mardoqueo le había indicado específicamente que no revelara su nacionalidad ni sus antecedentes familiares. Entonces, esta hermosa judía fue coronada reina de Persia, y vivía en un palacio rodeada de extraños y desarraigada de su única familia.

Esta es la versión corta para la escuela dominical, pero este libro de la Biblia nos brinda un cuadro mucho más detallado sobre cómo Ester pasó de ser huérfana a ser reina:

Y cuando llegaba el tiempo de cada una de las doncellas para venir al rey Asuero, después de haber estado doce meses conforme a la ley acerca de las mujeres, pues así se cumplía el tiempo de sus atavíos, esto es, seis meses con óleo de mirra y seis meses con perfumes aromáticos y afeites de mujeres, entonces la doncella venía así al rey (...). Ella venía por la tarde, y a la mañana siguiente volvía a la casa segunda de las mujeres, al cargo de Saasgaz eunuco del rey, guarda de las concubinas; no venía más al rey, salvo si el rey la quería y era llamada por nombre (Ester 2:12-14).

Este era el arreglo, y en realidad nunca supimos cómo se sentía Ester al respecto. Desde el punto de vista de Asuero, todo el proceso no presentaba inconvenientes. Si encontraba una mujer adecuada para ser reina, bien. Si no lo hacía, tenía una caballeriza de concubinas. Podía echarles un vistazo y elegir una diferente cada noche, así como nosotros elegimos una película para mirar. Él tenía el poder.

Pero Dios tenía planes milagrosos para Ester. Había algo en ella que la hacía diferente, y Asuero la eligió como reina:

Y el rey amó a Ester más que a todas las otras mujeres, y halló ella gracia y benevolencia delante de él más que todas las demás vírgenes; y puso la corona real en su cabeza, y la hizo reina en lugar de Vasti. Hizo luego el rey un gran banquete a todos sus príncipes y siervos, el banquete de Ester; y disminuyó tributos a las provincias, e hizo y dio mercedes conforme a la generosidad real. (Ester 2:17-18).

Este es el lugar exacto en donde debería terminar una buena novela: una heroína joven y bella ha alcanzado el pináculo de la gloria humana y ha triunfado. Pero ese no es el final de la historia de Ester; al contrario, es solo el comienzo. Porque esta es una historia de gloria celestial, no de gloria terrenal. Es una historia sobre el amor de Dios por su pueblo y sobre el coraje que esta joven encontró justo cuando más lo necesitaba. ¿Y la gran boda real? Solo es una cuestión pasajera, que prepara el escenario para el verdadero drama, que todavía no se desarrolló.

Y oculta detrás de todo eso está la historia más oscura de la lucha entre Amán, visir del rey, y Mardoqueo, primo de Ester. Cabe decir que Amán tenía un ego prominente, y estaba furioso porque Mardoqueo se negaba a reconocer su posición exaltada y no se inclinaba ante él.

> Y los siervos del rey que estaban a la puerta preguntaron a Mardoqueo: ¿Por qué traspasas el mandamiento del rey? Aconteció que, hablándole cada día de esta manera, y no escuchándolos él, lo denunciaron a Amán, para ver si Mardoqueo se mantendría firme en su dicho; porque ya él les había declarado que era judío. Y vio Amán que Mardoqueo ni se arrodillaba ni se humillaba delante de él; y se llenó de ira. Pero tuvo en poco poner mano en Mardoqueo solamente, pues ya le habían declarado cuál era el pueblo de Mardoqueo; y procuró Amán destruir a todos los judíos que había en el reino de Asuero, al pueblo de Mardoqueo (Ester 3:3-6).

Mardoqueo no se sentía intimidado, y en realidad tampoco estaba impresionado por Amán. Para dejarlo claro, "inclinarse", en el contexto persa, no significaba un suave movimiento con la cabeza o una reverencia discreta. No. Entre los persas, inclinarse implicaba que la cabeza tocara el suelo. Era postrarse por completo. Constituía un gesto que también resultaba familiar para los antiguos judíos, pero con una diferencia: ese tipo de inclinación estaba reservada solo para Dios. Solo en el templo y solo ante Dios podía un judío hacer tal gesto de sumisión suprema. Amán aborrecía a Mardoqueo porque ese judío no le demostraba tal tipo de deferencia. Entonces, el plan que urdió Amán, de exterminar a todos los judíos del imperio, surgía de su odio por ellos y por el Dios que adoraban.

Una vez que se empieza a desarrollar la trama, la historia de Ester toma una velocidad inusitada. Amán se había presentado ante Asuero con astucia, con el pretexto de erradicar una amenaza dentro de la región, y así asegurarse el respaldo irrevocable del rey para desatar una masacre.

Y dijo Amán al rey Asuero: Hay un pueblo esparcido y distribuido entre los pueblos en todas las provincias de tu reino, y sus leyes son diferentes de las de todo pueblo, y no guardan las leyes del rey, y al rey nada le beneficia el dejarlos vivir. Si place al rey, decrete que sean destruidos (Ester 3:8-9a).

El rey le entregó su anillo de sello y autorizó a Amán a llevar adelante el plan, que una vez que se ponía en marcha, no podía revocarse. Los decretos se tradujeron en diferentes idiomas y se difundieron por el territorio.

Y fueron enviadas cartas por medio de correos a todas las provincias del rey, con la orden de destruir, matar y exterminar a todos los judíos, jóvenes y ancianos, niños y mujeres, en un mismo día (Ester 3:13a).

Cuando Mardoqueo oyó lo que equivalía a una sentencia de muerte para su pueblo, comenzó a lamentarse y lo hacía de manera muy pública. La noticia llegó a oídos de la reina y ella "tuvo gran dolor" (Ester 4:4). Le envió ropa al hombre que la había acogido cuando quedó huérfana, pero él la rechazó. Entonces le envió un sirviente real para averiguar por qué estaba tan afligido, y Mardoqueo le envió un mensaje con todos los detalles escalofriantes. También incluyó un pedido desesperado: presentarse "ante el rey a suplicarle y a interceder delante de él por su pueblo" (Ester 4:8).

¿Cómo respondió ella en ese momento? No dijo: *No te preocupes, lo tengo bajo control*. Contestó de una manera que nos recuerda a Moisés cuando dice: *¡Por favor, envía a otra persona!* Al igual que hacemos muchos cuando debemos enfrentar obstáculos que parecen infranqueables, ella explicó por qué no había posibilidades de que fuera la que llevara a cabo la tarea. Como es probable que Mardoqueo supiera bien, ella no podía simplemente aparecer y pedirle ayuda al rey; ¡ella no podía presentarse ante él a menos que fuera llamada! Cualquiera que se presentara sin invitación podía ser condenado a muerte. Mardoqueo le pedía que estuviera dispuesta a arriesgar su propia vida para salvar, probablemente, a miles de otras. Su respuesta ante el recelo de la reina fue, a la vez, inspiradora y categórica:

> Y dijeron a Mardoqueo las palabras de Ester. Entonces dijo Mardoqueo que respondiesen a Ester: No pienses que escaparás en la casa del rey más que cualquier otro judío. Porque si callas absolutamente en este tiempo, respiro y liberación vendrá de alguna otra parte para los judíos; mas tú y la casa de tu padre pereceréis. ¿Y quién sabe si para esta hora has llegado al reino? (Ester 4:12-14).

El pedido de Mardoqueo, que puso la vida de Ester cabeza para abajo, está seguido de una honestidad que moviliza

hasta lo más íntimo: Bien, quizás no hayas elegido este destino, pero ¿y si no fue el rey de Persia quien te eligió, sino Dios
mismo? Debe haber tardado un poco en digerir esta realidad.
Evidentemente, Dios había delineado cada momento de su
vida para llevarla hasta ese punto crucial. Mardoqueo la invitó
a ver que Dios era el que había ordenado sus pasos. Frente a
una decisión de vida o muerte en la que estaba en juego la
supervivencia misma de cada judío, Ester, con valentía, dio un
paso de fe.

Envió instrucciones a Mardoqueo para que convocara a
todos los judíos a un ayuno de tres días en favor de ella. Sabía
que esta tarea era mucho más de lo que podía lograr sola.
En lugar de pensar como persa, ahora estaba pensando (por
primera vez en la historia) como una hija de Israel. En lugar de
entrar en pánico al visualizar un suceso que podría terminar
con su propia muerte, comenzó a preparar un cimiento de
fe. Junto con su pueblo, la reina se humilló y ayunó. Qué imagen tan poderosa. En el momento de mayor necesidad, Ester
recurrió a los judíos y los aunó en un clamor por la ayuda de
Dios.

Una y otra vez en la Biblia vemos lo efectiva que es la
oración colectiva, y el poder del pueblo de Israel cuando per-
manecían unidos. Cuando Dios les entregó su ley en el monte
Sinaí, fue a todo el pueblo. A una voz, ellos respondieron: "Haremos todas las cosas que Jehová ha dicho, y obedeceremos"
(Éxodo 24:7). La unidad del pueblo de Dios, entonces, es una
herencia que, como cristianos, disfrutamos hoy. En nuestros
momentos de mayor crisis espiritual, podemos acudir a nuestros hermanos y hermanas, que quizás sean extraños según
los parámetros humanos, y encontrar una conexión inmediata. ¿Cuántas veces has escuchado de alguien en necesidad
y has orado por esa persona, sabiendo que quizás nunca

llegues a conocerla de este lado de la eternidad? Este es el tipo de poder que Ester le pedía a su pueblo que movilizara.

En repetidas oportunidades, a lo largo de la Escritura y en nuestra propia vida, hemos visto la respuesta de Dios a las oraciones de sus hijos. No siempre podemos explicarlo, así como muchos tampoco podemos explicar la física de la gravedad. Pero no es necesario que entendamos física para saber del poder de la gravedad, y no siempre tenemos que comprender los misterios de este hermoso regalo que Dios nos ha dado, la oración, para saber cómo funciona. Ester les pidió a sus pares judíos que se unieran para buscar la sabiduría y el favor de Dios. Confiando en que Mardoqueo convocaría a los israelitas, pronunció estas famosas palabras:

> Y entonces entraré a ver al rey, aunque no sea conforme a la ley; y si perezco, que perezca (Ester 4:16b).

Sentadas las bases, Ester reunió coraje y se presentó ante el rey. Por la bondad de Dios, vemos que Asuero no duda ni por un instante: extiende su cetro dorado hacia ella y Ester tiene permiso para acercarse. El rey fue misericordioso con ella, evidentemente ansioso por escuchar su pedido. Le prometió cualquier cosa que deseara, ¡hasta la mitad del reino!

Aquí la historia tiene un giro un tanto inesperado, porque Ester no se arrodilló de inmediato para rogar por la vida de su gente. En cambio, invitó al rey a cenar con ella, pero con una salvedad interesante: Amán también estaba invitado. El elemento sorpresa sería fundamental para exponer a Amán, entonces, ¿por qué no darle un asiento en primera fila?

¿Ella lo estaba arrullando para darle un falso sentido de seguridad, mientras apelaba a su orgullo? De ser así, estaba en el camino correcto. En ese banquete, Ester volvió a poner reparo a la hora de hacer su pedido, pero prometió revelárselo al rey si él y Amán asistían a otro banquete el día siguiente. La Biblia dice que "salió Amán aquel día contento y alegre de corazón" (Ester 5:9). Pero este buen humor pronto se agrió cuando vio a Mardoqueo, que seguía negándose a inclinarse ante él. Para cuando llegó a su hogar, Amán nuevamente estaba enfocado en el tema número uno: él mismo. Se nos dice que se jactó ante sus amigos y familiares de su riqueza, de cómo el rey lo había honrado, de su posición elevada y de las invitaciones exclusivas de la reina. Luego coronó todo diciendo que no podía disfrutar de nada de eso porque Mardoqueo seguía rehusándose a rebajarse ante él. ¿Qué consejo le dieron como respuesta a sus quejas? Sus amigos y familiares le dijeron que construyera una horca de setenta y cinco pies de alto y le pidiera al rey que colgara a Mardoqueo allí, "y entra alegre con el rey al banquete" (Ester 5:14). Leemos que a Amán le "agradó" esta sugerencia y construyó el artefacto.

Pero Amán estaba ajeno a otro momento milagroso más que Dios había incluido en esta poderosa historia. Resulta que, esa noche, el rey no podía dormir. Pidió que le trajeran el libro de las memorias y crónicas. En esas páginas, descubrió que una vez Mardoqueo se había enterado de un complot para asesinar al rey y les advirtió a los funcionarios reales por adelantado, lo que probablemente salvó la vida del rey. Cuando preguntó qué honor o recompensa se le había dado a ese hombre, le informaron que Mardoqueo no había recibido ninguna muestra de gratitud. ¡Ese es más o menos el momento en que Amán se presentó para pedirle al rey que colgara a ese hombre! En cambio, el rey le preguntó a Amán cuál era la mejor manera de honrar a un hombre públicamente. Seguro de que el rey se refería a él, Amán delineó un escenario que incluía vestiduras reales y un caballo adornado, con un príncipe que llevase al hombre en un desfile por la ciudad, gritando: "Así se hará al varón cuya honra desea el rey" (Ester 6:9).

Y eso fue exactamente lo que Amán logró que el rey hiciera... por Mardoqueo. ¡Imaginemos la furia de Amán! Volvió a su casa abatido, pero era el momento de regresar al segundo banquete con el rey y la reina. Fue durante esta festividad minuciosa que el rey le volvió a preguntar a la reina qué deseaba, y volvió a ofrecerle la mitad del reino. Había llegado el momento, y ella lo puso todo en juego.

> Entonces la reina Ester respondió y dijo: Oh rey, si he hallado gracia en tus ojos, y si al rey place, séame dada mi vida por mi petición, y mi pueblo por mi demanda. Porque hemos sido vendidos, yo y mi pueblo, para ser destruidos, para ser muertos y exterminados. Si para siervos y siervas fuéramos vendidos, me callaría; pero nuestra muerte sería para el rey un daño irreparable. Respondió el rey Asuero, y dijo a la reina Ester: ¿Quién es, y dónde está, el que ha ensoberbecido su corazón para hacer esto? Ester dijo: El enemigo y adversario es este malvado Amán (Ester 7:3-6).

Amán quedó fuera de juego. Fue sacado de escena pateando y gritando, y lo colgaron en la horca qué él mismo había mandado a construir para Mardoqueo. Como si esto fuera poco, el rey le dio las propiedades de Amán a Ester, y su preciado y poderoso anillo de sello a Mardoqueo.

Pero los judíos todavía no estaban a salvo. El rey no podía revertir los decretos que expusieron a los judíos a la masacre, por lo que les permitió a Ester y Mardoqueo que redactaran un nuevo edicto, que les diera a los judíos todo el derecho de reunirse para protegerse, y enfrentarse a cualquier enemigo que viniera tras ellos.

Los judíos no solo podrían sobrevivir, sino que también estaban autorizados a quedarse con las pertenencias de los potenciales perseguidores. Vale la pena aclarar que, aunque eran guerreros poderosos, que habían vencido a miles, los judíos, como explica en repetidas oportunidades la Biblia, en general no saqueaban los bienes o las propiedades que dejaban atrás. La Escritura dice que "los judíos tuvieron alegría y gozo, banquete y día de placer" y, además algo que resulta muy interesante, también se nos dice que muchos persas que vieron el prodigioso cambio de circunstancias comenzaron a creer en Dios y se convirtieron al judaísmo. ¿La reina Ester podría haber imaginado eso? Cuanto más, debe haber esperado que su pueblo sobreviviera, pero Dios quería tomar su coraje y su inventiva y usarlos para la salvación de muchos.

Es realmente fascinante ver cómo Dios transformó a Ester de huérfana a reina, y todo con el propósito de salvar a su pueblo. Ella no tuvo que luchar ni conspirar. Él dirigió el camino, en cada desvío y cada recodo, sabiendo qué se le pediría cuando llegara el día. A menudo, ansiamos conocer el camino de antemano; cómo saldrá o se resolverá determinada situación. Dios sabe cuándo estamos listos, y en su tiempo perfecto, pasa las páginas de nuestra historia. ¿Y si Ester hubiera sabido lo que se le pediría en algún momento? ¿Habría tratado de evitar ese primer viaje al palacio por completo, sintiendo que era débil, que estaba mal equipada, o simplemente por temor al enorme desafío por delante?

Dios le dio las herramientas para ser una reina que lo sirviera, y aunque su nombre nunca se menciona en el libro de Ester, vemos su obra a través de toda esta historia milagrosa. No podemos saber cuándo Él nos llamará para una tarea que parece estar más allá de los límites humanos, pero la historia de Ester es la ilustración perfecta de cómo nos equipa a lo largo del trayecto que nos lleva a esos momentos. Solo mira las semillas que plantó a lo largo del camino. La decisión de Mardoqueo de intervenir y criar a Ester, el encubrimiento de su herencia cuando obtuvo el favor del rey, su posición al enterarse del complot contra el rey y salvar su vida, la abrumadora arrogancia de Amán; todo se fue acumulando hasta el momento en que la reina estuvo perfectamente ubicada para salvar a su pueblo. Nada sucede sin un propósito en las manos de Dios. La historia de Ester nos recuerda que Dios siempre ha estado obrando en su pueblo y guiándolo, una figura perfecta de la salvación que un día vendría a través de su Hijo.

Rahab

(JOSUÉ 2:1-24, 6:25; HEBREOS 11:31; SANTIAGO 2:25)

Ester y Rahab son un par muy diferente; una es una reina, la otra, una prostituta. Vivieron separadas por setecientos años: Ester durante el tiempo del exilio en Babilonia y Persia, después de que Israel fuera prácticamente destruido; y Rahab muy al comienzo de la fundación de Israel como nación, cuando Josué y sus tropas estaban empezando a armar los planes para tomar Canaán. En realidad, Rahab es el motivo por el que el ejército de Josué pudo perpetrar su primerísima conquista, la ciudad de Jericó, por lo que se podría decir que jugó un papel fundamental en la posterior gloria y prosperidad de Israel. Pero no hay nada de gloria en la vida de Rahab, y si era próspera, no se debía al dinero ganado por una vida honesta. Entonces, ¿qué diablos tiene que ver esta campesina de una antigua ciudad cananea, una prostituta y, a la vez, pagana, con la reina judía de Persia? Ambas fueron esenciales para la supervivencia del pueblo de Dios, ubicadas divinamente en su lugar, y llamadas a levantarse en un momento de coraje.

Al igual que Ester, el nombre Rahab nos revela algunas verdades importantes sobre ella. En hebreo (y en la mayoría de los lenguajes semíticos del lugar), su nombre es "Rachav", que significa "abierta" o "ancha". Era una imagen común de fecundidad. Dios que ensancha el vientre de una mujer embarazada, que abre la espiga de grano y que hace que el fruto aumente y estalle. En el caso de Rahab, el nombre tiene otro significado: aumentar un área de tierra. Debido a su valentía en un momento crítico, eso es exactamente lo que le ayudó a hacer a Israel, ¡y solo estamos en el comienzo! Rahab, la prostituta, es uno de los ancestros de Cristo mismo. Se casó con Salmón, de la tribu de Judá, y dio a luz a Booz, el mismo Booz que se casaría con Rut, la bisabuela del rey David, lo que pone a esta mujer directamente en el linaje del mismo Jesús.

Al igual que Ester, Rahab cambió el mundo con un acto audaz y decisivo. La encontramos en Josué 2, después de que algunos espías de Israel llegan a su puerta de entrada. Después de cuarenta largos años de deambular por el desierto sin hogar permanente, el pueblo de Israel finalmente se había abierto camino a Canaán. Se habían vuelto un pueblo nómada, pero ansiaban un hogar. Habían perdido a Moisés, y Josué era su nuevo líder. Este tenía la tarea de tomar una banda de nómadas desanimados y transformarlos en un ejército capaz de pelear contra las legiones entrenadas y las ciudades fortificadas de Canaán. Para el ojo humano, probablemente parecía una misión sin esperanza. Los israelitas no podrían igualar esas ciudades antiguas, sofisticadas y bien abastecidas en armas y hombres. Pero después de la muerte de Moisés, Josué había escuchado directamente de Dios, una poderosa orden llena de promesas intrépidas:

> Levántate y pasa este Jordán, tú y todo este pueblo, a la tierra que yo les doy a los hijos de Israel. Yo os he entregado, como lo había dicho a Moisés, todo lugar que pisare la planta de vuestro pie. Desde el desierto y el Líbano hasta el gran río Éufrates, toda la tierra de los heteos hasta el gran mar donde se pone el sol, será vuestro territorio. Nadie te podrá hacer frente en todos los días de tu vida; como estuve con Moisés, estaré contigo; no te dejaré, ni te desampararé. Esfuérzate y sé valiente; porque tú repartirás a este pueblo por heredad la tierra de la cual juré a sus padres que la daría a ellos (Josué 1:2-6).

Esta no es una charla motivacional común. En los siguientes tres versículos, Dios vuelve a decir "Solamente esfuérzate y sé muy valiente" dos veces más, y agrega: "no temas ni desmayes, porque Jehová tu Dios estará contigo en dondequiera que vayas" (Josué 1:7, 9).

Ahí es donde aparecen los espías. Josué quería tener un buen panorama de qué era lo que enfrentarían, entonces envió espías hacia la poderosa ciudad de Jericó. Algunos eruditos creen que Rahab no solo era una prostituta, sino que también administraba una posada. Lo más probable es que ganara algo de dinero adicional brindándole algún otro servicio a los huéspedes, además del simple alquiler de una habitación. Independientemente de cuáles eran sus lealtades antes de que llegaran los espías, estaba dispuesta a proteger a estos hombres que venían en una misión:

> Y fue dado aviso al rey de Jericó, diciendo: He aquí que hombres de los hijos de Israel han venido aquí esta noche para espiar la tierra Entonces el rey de Jericó envió a decir a Rahab: Saca a los hombres que han venido a ti, y han entrado a tu casa; porque han venido para espiar toda la tierra (Josué 2:2-3).

Las posadas locales eran centros de información proveniente del chisme, y debe haber sido una buena idea que los espías de Josué fueran a una primero, no solo para asegurarse la estadía por una noche, sino también para averiguar las noticias del lugar y descubrir qué sucedía en el pueblo. Desafortunadamente, las noticias viajaban en ambas direcciones. Al rey de Jericó le dijeron que unos extraños estaban en el poblado, en el establecimiento de Rahab, y es probable que estuvieran haciendo muchas preguntas, entonces envió sus mensajeros y le exigió a la mujer que entregara a sus huéspedes.

Aquí es donde Rahab tomó una decisión que cambió el curso, no solo de su propia vida, sino también de toda la trayectoria de la historia humana. Decidió mentir para proteger a sus huéspedes, pero no era una mentira sencilla, por el contrario, era muy elaborada. Admitió que los hombres habían estado, pero les dijo a los mensajeros del rey: *Acaban de irse*. Rahab realmente se los hizo creer: "Seguidlos aprisa, y los alcanzaréis" (Josué 2:5). Pero ya había escondido a los espías en el techo. Después de enviar a los mensajeros del rey en una búsqueda inútil, volvió al techo para tener una charla esclarecedora.

Antes de que vayamos allí, tenemos la obligación de hacernos esta pregunta: ¿qué ganaba Rahab tomándose todas estas molestias? ¿Por qué tomó esa decisión, aparentemente impulsiva, de mentirles a los soldados de su propio rey, poniéndose ella misma y toda su familia en un riesgo tremendo? Si los hombres del rey hubieran descubierto que mentía, es casi seguro que su vida habría estado en peligro. Sea cual fuere el debido proceso en una ciudad cananea gobernada por un rey despótico, no es probable que una prostituta posadera se hubiera beneficiado. Simplemente no se puede negar que Rahab tomó una decisión increíble.

Al explicarles esa decisión de salvarlos, les dijo a los hombres todo lo que había escuchado de Israel, y qué cuadro les pintó. Las noticias sobre el favor de Dios por Israel se habían esparcido a lo largo y a lo ancho. A través de esos poderosos relatos, los milagros de Dios estaban preparando el camino para su pueblo:

> Sé que Jehová os ha dado esta tierra; porque el temor de vosotros ha caído sobre nosotros, y todos los moradores

del país ya han desmayado por causa de vosotros. Porque hemos oído que Jehová hizo secar las aguas del Mar Rojo delante de vosotros cuando salisteis de Egipto, y lo que habéis hecho a los dos reyes de los amorreos que estaban al otro lado del Jordán, a Sehón y a Og, a los cuales habéis destruido. Oyendo esto, ha desmayado nuestro corazón; ni ha quedado más aliento en hombre alguno por causa de vosotros, porque Jehová vuestro Dios es Dios arriba en los cielos y abajo en la tierra (Josué 2:9-11).

Rahab conocía la reputación de este pueblo y de su Dios. Reconocía que Dios no era como los dioses paganos de su época y de su comunidad.

Entonces, llegó a un acuerdo con los hombres de Josué: a cambio de la ayuda y el refugio que les ofreció, ellos perdonarían su vida y la de sus familiares. Sabiendo lo que sabía de su Dios poderoso, no había manera de que siquiera hubiera pensado en entregar los espías al rey de Jericó. Rahab estaba al tanto de que su Dios era real y tenía el poder para salvar a sus seres amados.

Igual que ella, todos debemos experimentar un momento en el que comprendamos por completo la realidad de Dios y su poder para redimirnos. Es el regalo de la fe, un don que evidentemente Rahab había recibido.

Su profesión, su nacionalidad; nada en la superficie parecía ponerla en camino de volverse parte de la nación de Israel y del linaje del mismo Jesús. Sin embargo, Dios diseñó su historia con habilidad; llevó a los audaces espías de Israel a su puerta y le dio el coraje cuando más lo necesitó.

Juntos, Rahab y los espías armaron un plan. Su posada estaba junto al muro de la ciudad, entonces, ayudar a los espías a escaparse era una tarea fácil. Ella los bajó por la ventana con una soga y los envió por su camino, advirtiéndoles que se escondieran en el monte hasta que sus perseguidores se rindieran. Sabiendo que volverían con otros en la batalla, acordó colgar un cordón de grana en su ventana y reunir a su familia adentro. Ese cordón serviría de advertencia para que las tropas de Israel no dañaran a ninguna persona de adentro. Cuando llegó el gran ataque, con las trompetas que sonaban, el pueblo que gritaba y los muros de Jericó que se derrumbaban, Josué honró la palabra de estos hombres. Gracias a la hospitalidad de Rahab, y su fe en un Dios que, hasta ese momento, no era el suyo, la ciudad fue tomada:

> Mas Josué salvó la vida a Rahab la ramera, y a la casa de su padre, y a todo lo que ella tenía; y habitó ella entre los israelitas hasta hoy, por cuanto escondió a los mensajeros que Josué había enviado a reconocer a Jericó (Josué 6:25).

Morar en Israel significaba comenzar a formar parte del pueblo de Israel, y la residencia de Rahab allí, se volvió su domicilio espiritual como así también el físico, cimentada en su fe y coraje.

Tanto Ester como Rahab tomaron decisiones audaces, poniéndose en riesgo por causa del pueblo de Dios. En el caso de Ester, una judía completamente asimilada, que escondió en gran medida quién era, revelar su identidad y presentarse con valentía ante el rey para interceder por el pueblo de Dios le podría haber costado todo; y aun así encontró el coraje. Rahab hizo algo muy parecido, y por gente que todavía ni siquiera conocía. A veces, tanto Ester como Rahab pueden parecer desconectadas del pueblo de Israel, pero las decisiones de estas mujeres, de poner su propia vida en el frente, las convirtió en piezas clave en momentos críticos de la supervivencia de la nación. Para Ester, esto significó ser homenajeada como la gran reina que redimió a todos los judíos de la muerte y la destrucción. Para Rahab, significó ser adoptada como hija de Dios y pasar a ser parte del linaje de la familia real, parte de la línea de sangre de Cristo mismo. Rahab, una de las únicas tres mujeres mencionadas en la genealogía de Cristo de Mateo, evidentemente era importante para los primeros cristianos. En realidad, se la menciona dos veces más en el Nuevo Testamento; una en Hebreos y otra en Santiago, y en cada caso se elogia su fe y su valentía.

> Asimismo, también Rahab la ramera, ¿no fue justificada por obras, cuando recibió a los mensajeros y los envió por otro camino? Porque como el cuerpo sin espíritu está muerto, así también la fe sin obras está muerta. (Santiago 2:25-26).

Este es un pasaje impactante, que está justo después de la historia de la fe de Abraham; una fe tan poderosa que hizo que estuviera dispuesto a entregar a su propio hijo amado en un altar. ¡Qué compañía tan majestuosa para una prostituta cananea de Jericó! Santiago les recuerda a los creyentes que la fe sin obras está muerta. Nuestra fe es el marco intelectual que sustenta nuestra cristiandad, pero, a menos que la usemos para caminar en obediencia, carece de poder real para cambiarnos o cambiar el mundo que nos rodea.

La fe de Rahab solo fue un punto de partida; como lo es para nosotros como cristianos hoy. Cuando tengamos la oportunidad de impregnarle vida a nuestra fe, ¿responderemos como ella? ¿Comprenderemos, como Rahab, que nuestra fe debe ir más allá de nuestro compromiso intelectual y ponerse en acción? Enfrentaremos esas decisiones críticas.

En Juan 16:33, el mismo Jesús les advirtió a sus discípulos: "En el mundo tendréis aflicción". Pero sus palabras siguientes fueron: "confiad", sustentada en su verdad inamovible: "yo he vencido al mundo". Que esa seguridad sea lo único que necesitemos cuando llegue nuestro momento de ser Ester o Rahab.

Preguntas de estudio sobre Ester y Rahab

1. Fn la actualidad, los judíos siguen festejando la fiesta de Purim (Ester 9:17-19) en conmemoración del triunfo de Ester. Tradicionalmente se sigue celebrando como "día de banquete y de regocijo", según registra la Biblia, con carnavales, trajes y fiestas. Pero existen muchas fiestas bíblicas celebradas por el pueblo de Israel; la Pascua (Levítico 23:4-8), que conmemora el Éxodo; la fiesta de las Semanas (Éxodo 34:22), que conmemora la cosecha de trigo y luego el advenimiento de la ley; la fiesta de Año Nuevo (Números 29:1-6), que conmemora el comienzo de otro año. Todas estas también son ocasiones de gozo, pero solo Purim se celebra con "banquete y regocijo". ¿En qué se diferencia Purim de estas otras fiestas? ¿Qué es lo que hace que este día merezca ese gozo especial del pueblo de Israel?

2. La Biblia registra varias oportunidades en las que las personas mienten para obtener algo bueno. En su mayoría se trata de mujeres. Rahab miente para alejar a los soldados de los espías hebreos (Josué 2:4-5). Las parteras hebreas de Egipto también mienten, en Éxodo 1:15-21. Compara estas dos instancias de mentiras y encuentra similitudes y diferencias.

3. ¿Qué habría ocurrido si las parteras hubieran dicho la verdad? ¿Qué habría ocurrido si Rahab hubiera dicho la verdad? ¿Qué otros ejemplos de mentiras famosas hay en la Biblia? La mentira es una estratagema usada por personas indefensas o personas bajo amenaza. ¿Existe alguna

circunstancia en la que parezca que la Biblia dice que mentir es una estrategia aceptable? ¿Existen circunstancias en nuestra propia vida en las que hayamos recurrido a la mentira como mejor opción?

María y Marta de Betania:
Dos caminos

María de Betania

(LUCAS 10:38-42; JUAN 11:17-44, 12:1-8)

Las historias de María y Marta se entrelazan y se entremezclan alrededor de uno de los momentos más esclarecedores y milagrosos de la Escritura. Sin embargo, las dos hermanas no podrían haber sido más diferentes, unidas por su fe en Jesús, pero separadas por la forma que creían que era mejor para adorarlo. Seamos honestos. ¿Hemos leído estas historias e inmediatamente nos hemos identificado con una o con la otra? Me ha sucedido a menudo, y a veces algún período específico de mi vida ha hecho que me inclinara por un enfoque y no por el otro.

Estas hermanas aparecen juntas en los Evangelios, cuando albergan a Jesús en su hogar de Betania, y en la tumba de su hermano Lázaro. Juntas presenciaron el mayor milagro de Jesús: levantar a su hermano de entre los muertos. No sabemos cómo conocieron a Jesús antes, pero desde el momento en que nos las presentan, parece que son parte del círculo íntimo de sus discípulos. Jesús tenía un vínculo profundo con ellas. En realidad, la única vez que la Biblia registra el llanto de Jesús es después de la muerte de Lázaro. Incluso en el Jardín de Getsemaní, al enfrentar la perspectiva de su propia muerte, Jesús, según leemos, estaba "muy triste" (Mateo 26:38), pero por Lázaro, Él lloró.

A veces pareciera que el Jesús que Juan describe en su Evangelio es de otro mundo; calmo y omnisciente, entregado a extensos debates teológicos. El que conocemos en el relato de Juan es un Jesús diferente del que vemos en, digamos, Marcos, cuyo enfoque es el del siervo sufriente. Juan se enfoca en el aspecto divino de la naturaleza de Cristo; sin embargo, es Juan quien nos muestra el momento humano más estremecedor del Señor: la angustia sobrecogedora por la muerte de un amigo cercano. Nos da la posibilidad de ver la completa humanidad de Jesús, en la que experimenta nuestro sufrimiento y nuestra desesperación. Él ha pasado por nuestras pruebas y se puede identificar con nuestros dolores más profundos. Sean quienes fueran María y Marta, Jesús se preocupaba por ellas desde lo más hondo.

A menudo las relacionamos cuando hablamos de la vida del servicio cristiano. Hablamos de ser una "María" o una "Marta", como si se tratara de dos caminos separados que podemos elegir. Pero si leemos detenidamente el pasaje de la Escritura que presenta a estas dos mujeres, vemos que eso no es, en absoluto, lo que dijo Jesús en respuesta a la disputa de las hermanas.

Aconteció que, yendo de camino, entró en una aldea; y una mujer llamada Marta le recibió en su casa. Esta tenía una hermana que se llamaba María, la cual, sentándose a los pies de Jesús, oía su palabra. Pero Marta se preocupaba con muchos quehaceres, y acercándose, dijo: Señor, ¿no te da cuidado que mi hermana me deje servir sola? Dile, pues, que me ayude. Respondiendo Jesús, le dijo: Marta, Marta, afanada y turbada estás con muchas cosas. Pero solo una cosa es necesaria; y María ha escogido la buena parte, la cual no le será quitada (Lucas 10:38-42).

Hay algunos pasajes de la Escritura que sobrepasan la distancia entre la época de Jesús y la nuestra, y este es uno de ellos. ¿Quién de nosotros no se ha visto envuelto en una disputa exactamente como ésta sobre las tareas domésticas? Es seguro decir que todos los que alguna vez compartieron obligaciones domésticas con alguien más habrán pensado, en algún momento: *yo soy quien hace todo el trabajo aquí*. Quejarse por las obligaciones del hogar ha sido, probablemente, parte de la historia humana desde la primera vez que alguien decidió que la suciedad debía ser sacada de la cueva. Todos podemos identificarnos con las hermanas y, por supuesto, dado que a todos nos gusta pensar que somos los que estamos haciendo la parte difícil del trabajo, el reclamo de Marta nos parece especialmente correcto. Es fácil que nos sintamos como Marta.

Debido a ese impulso instintivo, puede ser sencillo que pasemos por alto el hecho significativo que realmente estaba teniendo lugar aquí. En el mundo judío de la antigüedad, las mujeres definitivamente *no* se sentaban a los pies de los maestros religiosos. Para nosotros, que María estudiara a los pies de Jesús puede parecernos una imagen natural, e incluso emotiva. Pero para un judío del siglo I, esta habría sido una imagen muy perturbadora. María estaba haciendo tres cosas no convencionales: estaba involucrada en el aprendizaje bíblico formal; tenía una proximidad física cercana e íntima con un rabino, y estaba sentada en un grupo de hombres. Todo esto era tabú en su cultura. Al admitirla allí, Jesús estaba violando todas las normas culturales que regían la manera en que las mujeres debían conducirse, especialmente en su relación con el aprendizaje y los hombres. En el siglo I, solo los varones o los jóvenes judíos recibían educación formal.

Pero, según parece, Jesús no acataba estas reglas tradicionales. En realidad, es probable que las haya ignorado durante un tiempo, porque, si observamos, el reclamo de María no es: *Señor, ¿no te importa que mi hermana esté transgrediendo todas las reglas y se comporte de manera inapropiada frente a los hombres?* Parece que todos, entre ellos Marta, sabían que Jesús no iba a reprocharle a una mujer que ocupara un lugar entre sus discípulos. Entonces, Marta tenía que quejarse sobre los *resultados* de la decisión de María, no de la decisión en sí.

¿Y en qué consistía esa decisión? La Biblia dice que María hizo dos cosas: se sentó "a los pies de Jesús" y "oía su palabra". Su lugar a los pies de Él muestra humildad y el escuchar ilustra su deseo de aprender. Antes de poder escuchar y aceptar esa palabra, sin embargo, adoptó una actitud de completa sumisión a Jesús. María nos muestra la evolución de llegar a conocer el corazón de Jesús; de sopesar las palabras y los desafíos que ofrecía a sus oyentes, y, en última instancia, seguirlo en confianza y obediencia. Su decisión de seguirlo no era meramente intelectual. María también seguía su corazón.

Como cristianos modernos, llegamos a conocer el corazón de Dios a través del estudio de la Palabra, el equivalente de sentarse a los pies de Jesús. Es nuestro manual personal para aprender todo lo posible sobre su naturaleza, sus promesas y sus planes. Es la manera en que crecemos para cumplir con su mayor mandamiento:

Amarás al Señor tu Dios con todo tu corazón, y con toda tu alma, y con toda tu mente (Mateo 22:37).

La historia de María ilustra de una manera bella la profundidad del conocimiento de Jesús; de amarlo con el corazón, y, además, abrazarlo intelectualmente con la mente.

Las acciones de María en este pasaje reflejan la promesa al pueblo de Israel mucho tiempo antes. En Éxodo 24:7, Moisés finalmente le presenta el pacto entero y completo a su pueblo. A una voz, ellos respondieron: "Haremos todas las cosas que Jehová ha dicho, y obedeceremos".

Los israelitas prometieron, no una, sino dos veces: *Cualquier cosa que Dios mande, ¡estamos de acuerdo!* No cuestionaron ni regatearon. Como con María, es suficiente saber qué ordena Dios, aun si no logramos entenderlo por completo.

Vemos la capacidad de María para conmoverse profundamente en otros dos incidentes de la Escritura: la muerte de su hermano y el ungimiento de los pies de Jesús. Ese ungimiento, en el Evangelio de Juan, es lo último que sucede antes de que Jesús entre en Jerusalén y comience la fatídica semana que concluiría con su muerte, seguida de su gloriosa resurrección. Durante su ministerio, la palabra de Jesús se esparció por la región. Era una figura pública, y desde el momento en que entró en Jerusalén el Domingo de Ramos, todo lo que sucedió esa semana transcurrió en un escenario muy público: las multitudes que clamaban "Hosanna", la enseñanza en el templo, el desalojo de los cambistas, el arresto en el jardín. Fue una semana arrolladora, que finalizó con la expresión de violencia más pública conocida en todo el mundo romano: la crucifixión. Lo que prosiguió fue el triunfo de Jesús sobre el pecado y la muerte, su sello de salvación para todos los que lo quisieran aceptar. Pero antes de eso, compartió un período muy íntimo con sus amigos cercanos de Betania, un último momento de calma antes de la tormenta:

Seis días antes de la pascua, vino Jesús a Betania, donde estaba Lázaro, el que había estado muerto, y a quien había resucitado de los muertos. Y le hicieron allí una cena; Marta servía, y Lázaro era uno de los que estaban sentados a la mesa con él. Entonces María tomó una libra de perfume de nardo puro, de mucho precio, y ungió los pies de Jesús, y los enjugó con sus cabellos; y la casa se llenó del olor del perfume (Juan 12:1-3).

Una vez más vemos la misma dinámica que se despliega entre las hermanas: Marta es la que sirve, y María es la que se encarga del acto devocional. Pero las acciones de María aquí son mucho más escandalosas que las anteriores. Ya no está satisfecha con expresar su amor de manera simple sentándose a los pies de Jesús; ahora se ve impulsada a demostrar su afecto físicamente. La Escritura dice que tomó un ungüento o perfume muy caro y lo derramó a los pies de Jesús, y luego secó sus pies con su propio cabello. Este gesto parecería ir mucho más allá de la costumbre de lavar los pies de los huéspedes después de haber viajado por caminos polvorientos con las sandalias abiertas que se usaban en esa época. No, María específicamente descorchó un tesoro valioso, y lo gastó sin miramientos en el hombre que creía que era "el Cristo, el Hijo de Dios" (Juan 11:27). Luego, sorprendentemente, llevó los hechos un poco más lejos. Dejó al descubierto su cabello, soltándolo de cualquier recubrimiento que cualquier mujer respetable de la época debe haber usado. Al quebrantar abiertamente las costumbres de sus tiempos, María representó una hermosa imagen de lo que significa ser completamente vulnerable ante Jesús.

A juzgar por la manera en que toda la aldea se reunió para hacer duelo con ellas cuando Lázaro murió, Marta y

María deben haber sido importantes en su comunidad. Aun así, su riqueza relativa era la prosperidad de una familia granjera del primer siglo, una familia a la que le iba bien y podía mantener un hogar próspero. Para esos estándares, una botella de aceite perfumado debe haber sido un regalo especial o una posesión atesorada. Lo que se describe aquí es el tipo de artículo de lujo que se vende en ciudades grandes, algo que hombres y mujeres romanos de élite probablemente usaran para su aseo personal. ¿María tenía que viajar a Jerusalén para comprar el frasco? ¿Lo había recibido en una ocasión especial, o como parte de un ajuar? Evidentemente, tenía mucho valor, ya que uno de los discípulos de Jesús, Judas Iscariote, lo critica muy públicamente. Vemos esta representación en Juan 12:4-6:

> Y dijo uno de sus discípulos, Judas Iscariote hijo de Simón, el que le había de entregar: ¿Por qué no fue este perfume vendido por trescientos denarios, y dado a los pobres? Pero dijo esto, no porque se cuidara de los pobres, sino porque era ladrón, y teniendo la bolsa, sustraía de lo que se echaba en ella.

María no se justificó ante Judas, cuyos comentarios con seguridad escuchó, como tampoco lo había hecho ante su hermana anteriormente, cuando Marta se quejó de ella. En ambos casos, confió en que Jesús hablaría por ella, y, en las dos oportunidades, su defensa fue mejor que cualquiera que ella misma podría haber ofrecido. Jesús le dijo a Judas que la dejara sola porque "para el día de mi sepultura ha guardado esto. Porque a los pobres siempre los tendréis con vosotros, mas a mí no siempre me tendréis" (Juan 12:7-8). ¡Qué frase tan extraordinaria!

Dada la experiencia tan cercana a la muerte de su familia, es probable que tenga sentido que María encontrara una manera de separar, para uso futuro (para la muerte de alguien que ella claramente amaba tanto), algo tan valioso como esta sustancia. Después de todo, ella y su hermana habían ungido el cuerpo de su hermano para la sepultura antes de que Jesús lo levantara, entonces, ella sabía con exactitud lo que significaba preparar el cuerpo de un ser querido para la tumba.

Poco después de la resurrección de Lázaro, Jesús había dejado en claro que su propia muerte era una posibilidad muy real. Cuando les dijo a los discípulos que todos volverían a Judea, lo cuestionaron, advirtiéndole que casi lo habían apedreado allí (Juan 11:8). La Escritura deja en evidencia que al menos Tomás sabía lo que estaba en riesgo. Juan 11:16 registra sus palabras: "Vamos también nosotros, para que muramos con él". Es probable que María también tuviera noción de lo que aguardaba.

La desinhibida expresión de amor de María hacia Jesús puede no haber sido lógica según los estándares de la época, pero sirve de claro ejemplo de su actitud sin vergüenza para seguirlo de una manera que los demás consideraban insensata. Estaba dispuesta a romper con la tradición para hacer lo que era más importante: aprender de su Salvador y honrarlo. ¿Sentarse a los pies del maestro en un grupo de hombres? ¿Ignorar los deberes que se esperaban de una mujer? ¿Ante tantas posibilidades, montar un espectáculo de sí misma ungiendo los pies de Jesús y secándolos con su cabello? María encarnó una lección clave: no es la aprobación del mundo lo que debemos buscar. Jesús nos servirá como máxima recompensa y máximo refugio cuando lo elijamos a Él en lugar de lo que el mundo nos dice que deberíamos valorar más.

El relativo silencio de María es clave para comprender quién era. En realidad, la Biblia registra una sola oportunidad en la que María habló. Cuando Lázaro había muerto, ella le dijo a Jesús: "Señor, si hubieses estado aquí, mi hermano no habría muerto" (Juan 11:21). Es casi un reconocimiento del increíble poder de Jesús. Ella sabe que Él verá su dolor. Y Él no solo lo vio, sino que fue conmovido por su angustia y la compartió con sus propias lágrimas (Juan 11:35).

Como María era la tranquila, y su hermana decía lo que pensaba, tenemos un indicio de lo que Marta opinaba sobre su hermana, pero no de lo que María pensaba sobre Marta. En todas las interacciones de María, Jesús era su único interés. Seguramente sabía lo irritada que estaba Marta con ella; es seguro, ¡este no era un argumento nuevo! Es posible que, desde la infancia, María fuera la que anhelaba estudiar, aprender con los hombres, mientras que Marta era la mayor, y tenía que tirarla del brazo, traerla de vuelta, recordarle sus obligaciones y su lugar en el mundo. Pero con Jesús como foco, parecía que a María no le importaban las frustraciones de Marta, ni las normas de la época.

Aunque eran tan diferentes, las dos mujeres estaban unidas en la desazón. Podemos imaginarnos a María y Marta, sentadas en esa casa de angustia y desolación, cuando le llegan las noticias de que Jesús iba en camino a encontrarlas. Sus ojos deben haberse cruzado en esa habitación, y en ambos rostros se debe haber dibujado la misma mirada de esperanza. Quizás las dos expresaron su frustración: "si tan solo hubiera llegado antes". Después de la muerte de Lázaro, la casa debe haber parecido terriblemente vacía para ellas. Ya hablaremos más de eso, pero primero volvamos a la respuesta de Marta y nuestra tendencia a hablar sobre las "Marías y Martas" del servicio cristiano.

Al pensar sobre las hermanas, la interpretación cristiana muy a menudo se enfoca más en la queja de Marta que en la respuesta de Jesús. Entonces, volvamos a analizar lo que Jesús le dijo:

> Respondiendo Jesús, le dijo: Marta, Marta, afanada y turbada estás con muchas cosas. Pero solo una cosa es necesaria; y María ha escogido la buena parte, la cual no le será quitada (Lucas 10:41-42).

La respuesta de Jesús no es decirle a María que abandone su deseo de aprender de Él. No; es un respaldo incondicional de lo que María ha elegido. La vida cristiana nos llama a encontrar un equilibrio entre cultivar nuestra relación con Jesús y también servirle. El problema comienza cuando nos enfocamos demasiado en todas las cosas que podemos hacer *para* Dios, más que en pasar tiempo y estar en comunión *con* Él. La respuesta de Jesús a Marta no podía haber sido más clara: lo que ella estaba haciendo no era más importante que lo que María había decidido hacer. A veces luchamos con esta ecuación porque, por momentos, el servicio puede parecer más fácil. Es más simple estar *haciendo* algo, especialmente cuando podemos marcar un casillero o ver los resultados de nuestra labor. Luego podemos apuntar a una cosa concreta que hemos hecho. *¿Ves, Señor, cuánto te amo?*

Pero Dios no nos pide que le demostremos nuestro amor con obras. Conoce nuestro corazón y no necesita que le probemos nada, ni a Él, ni a otras personas. Es importante que no dejemos que las ocupaciones, así sean del buen servicio, desplacen el objetivo principal de amar a Dios con todo el corazón, el alma y la mente. Esto exige pasar tiempo con Él, escucharlo, orar, meditar en sus palabras; no solo repasar una lista de tareas.

Hay una historia sobre un sacerdote en la campiña francesa y un anciano del poblado que venía a sentarse en la iglesia todos los días. Se sentaba allí por horas sin fin. No leía, no oraba en voz alta, no cantaba, ni hacía nada más que sentarse. Finalmente, el sacerdote no pudo resistir y le preguntó al hombre qué encontraba para hacer en la iglesia durante tantas horas. El anciano lo miró y sonrió. Luego inclinó la cabeza hacia el altar. "Lo miro a Él", dijo. "Él me mira, y estamos felices juntos". Esta es la felicidad profunda de María; no una felicidad que ignora la angustia o finge que la tristeza no existe, sino una felicidad que abraza a Jesús en medio de la tristeza, que se sienta con paciencia a sus pies y espera por Él.

Marta de Betania

(LUCAS 10:38-42; JUAN 11:17-44)

Si María era la hermana tranquila, Marta definitivamente era la que hablaba. Encontramos a Marta en dos pasajes de la Escritura: en su reclamo a Jesús sobre la renuencia de su hermana para ayudarla, y en su súplica al Señor después de la muerte de su hermano. En ambas instancias, Marta tiene mucho para decir. Pero primero volvamos a leer la famosa queja:

> Aconteció que, yendo de camino, entró en una aldea; y una mujer llamada Marta le recibió en su casa. Esta tenía una hermana que se llamaba María, la cual, sentándose a los pies de Jesús, oía su palabra. Pero Marta se preocupaba con muchos quehaceres, y acercándose, dijo: Señor, ¿no te da cuidado que mi hermana me deje servir sola? Dile, pues, que me ayude. Respondiendo Jesús, le dijo: Marta, Marta, afanada y turbada estás con muchas cosas. Pero solo una cosa es necesaria; y María ha escogido la buena parte, la cual no le será quitada (Lucas 10:38-42).

Al mirar este pasaje desde la perspectiva de María, hablamos sobre sus acciones y la respuesta de Jesús. Pero hay algunos detalles en estas palabras de Marta que pueden enseñarnos mucho. Observemos lo que le dice a Jesús: "Señor, ¿no te da cuidado?". ¿Puedes escuchar en su tono, no solo su irritación por su hermana, sino además su frustración porque Jesús no hace nada al respecto? Después de todo, ¿no se supone que Jesús debe preocuparse por la imparcialidad y la justicia? ¿No es Él quien predica sobre la bondad y la equidad? ¿Y no ve cómo María deja que Marta haga todo el trabajo pesado? Escondida dentro de la queja acusadora de Marta de "¿no te da cuidado?" está la creencia de que Jesús se pondrá de su lado. Debo confesar que he hecho estos mismos reclamos.

En su sabiduría y misericordia, Jesús no le dijo a ella que se calmara o se fuera. No la despidió diciendo: *¿Por qué me traes estas ridículas e insignificantes disputas domésticas a mí?* No le dijo que Él era un erudito venerado, con asuntos importantes para atender, y que, como mujer, no tenía ningún derecho de hacerle ningún tipo de pedido a Él. No dijo ninguna de estas cosas, sino que tomó muy en serio lo que ella le decía. Eso no es lo mismo, por supuesto, que concordar con ella, pero sí reconoció que era una conversación que valía la pena. Comparemos esto con su respuesta a otra controversia fraternal en el Evangelio de Lucas.

> Le dijo uno de la multitud: Maestro, di a mi hermano que parta conmigo la herencia. Mas él le dijo: Hombre, ¿quién me ha puesto sobre vosotros como juez o partidor? (Lucas 12:13-14).

Jesús descalificó de entrada la idea de que Él podría tener algo que ver con la discusión entre los hermanos. Pero esta era exactamente el tipo de disputa que se esperaba que un maestro o líder religioso como Jesús dirimiera; un asunto público importante como la herencia, una cuestión de negocios entre los hombres y la comunidad. Entonces, ¿qué pasa con una disputa privada entre mujeres? Una cosa así debería haber estado más allá del interés de la mayoría de los maestros, pero no de Jesús. Para Jesús, las cuestiones de Marta sí importaban. Y aunque terminó no estando de acuerdo con ella, aun así, la escuchó.

Jesús le respondió con infinita ternura. No le respondió con enojo, sino preocupado por su alma y escuchando su frustración. Identificó su estado, "afanada y turbada", y dulcemente le mostró un camino mejor. Observa bien la manera singular en que comenzó su respuesta: "Marta, Marta", le dice, y con esas palabras ella se convierte en una de las únicas tres personas en el Nuevo Testamento a quien Jesús se dirige de esa forma enfática, repitiendo el nombre. Dice: "Simón, Simón", cuando le explica a Pedro que oró por él para fortalecerlo en este tiempo de prueba, a fin de que pudiera, a su vez, fortalecer a los otros discípulos; y exclama "Saulo, Saulo" a Pablo, en su camino a Damasco, cuando confronta al apóstol a los gentiles y le cambia radicalmente la vida. Cuando uno lee este "Marta, Marta" en su contexto, sus palabras no suenan tanto como las de un padre exasperado, sino, más bien, como un serio llamado al discipulado. ¿Le pedía a Marta que renovara sus prioridades de la misma manera drástica en que Él transformó el pensamiento de Pablo? El llamado al discipulado de Marta sucedió en su hogar. Su "camino a Damasco" resulta que iba directo a la cocina.

De los tres hermanos, Marta, María y Lázaro, resulta claro que era Marta la que estaba apegada a los actos de servicio. Parece que dirigía el hogar y tomaba el liderazgo como mujer de acción. Por ejemplo, cuando escuchó que Jesús había venido a acompañar a la familia en su sufrimiento, se levantó de inmediato para recibirlo. María esperó, pero no lo hizo Marta. Aprovechó la oportunidad de hablar con Jesús:

> Y Marta dijo a Jesús: Señor, si hubieses estado aquí, mi hermano no habría muerto. Mas también sé ahora que todo lo que pidas a Dios, Dios te lo dará. Jesús le dijo: Tu hermano resucitará. Marta le dijo: Yo sé que resucitará en la

resurrección, en el día postrero. Le dijo Jesús: Yo soy la resurrección y la vida; el que cree en mí, aunque esté muerto, vivirá. Y todo aquel que vive y cree en mí, no morirá eternamente. ¿Crees esto? Le dijo: Sí, Señor; yo he creído que tú eres el Cristo, el Hijo de Dios, que has venido al mundo (Juan 11:21-27).

Esta es una confesión de fe sin reservas. Hace eco de la confesión de Pedro cuando le dice a Jesús: "Tú eres el Cristo, el Hijo del Dios viviente" (Mateo 16:16). Pero aquí, en el Evangelio de Juan, estas palabras provienen de la boca de Marta, de los labios de una mujer que, hasta donde sabemos, ha vivido todo su discipulado en su hogar en el tranquilo pueblo de Betania; una mujer que no ha viajado por Judea ni por Galilea con Jesús y sus discípulos, y que no ha sido testigo (como sí lo fue Pedro) de los cuantiosos milagros, las vastas sanidades y los sucesos extraordinarios del ministerio de Jesús. Aun así, sabe lo suficiente de Jesús como para conocer la verdad.

Más interesante todavía es la conversación que Marta tuvo con Jesús, y que llevó a esa declaración radical. Marta era, evidentemente, una mujer de inteligencia y sólido razonamiento teológico. Comenzó por reconocer el poder de Jesús para sanar: "Y Marta dijo a Jesús: Señor, si hubieses estado aquí, mi hermano no habría muerto". Pero, aunque María hubiera estado contenta con dejarlo allí, Marta no. No estaba satisfecha simplemente haciendo una declaración sobre el pasado: Marta se abría camino hacia el futuro.

Las siguientes palabras de Marta están llenas de fe y confianza: "Mas también sé ahora que todo lo que pidas a Dios, Dios te lo dará". *También sé ahora*, dice Marta. En su fe y confianza, Marta creía que nunca sería tarde para que Dios actuara. Su confianza en Jesús era infinita, y solo ella parecía darse cuenta —quizás únicamente ella de todo el Evangelio de Juan— de que Jesús no estaba limitado por las cuestiones de espacio y tiempo, sino que participaba plenamente de la vida eterna de Dios.

¿Cuántas veces has enfrentado la desesperación, cuando parecía que no había posibilidades de esperanza? Para los ojos del mundo, y según sus estándares incrédulos, puede haber parecido que no había adónde escapar. Allí es, en verdad, donde Marta se encontraba. Y, sin embargo, no tuvo absolutamente ninguna duda de que Jesús podría derrotar hasta la muerte de su amado hermano y uno de sus amigos más queridos, Lázaro.

A primera vista puede parecer que Jesús simplemente quería consolarla: "Tu hermano resucitará" (Juan 11:23). Marta afirmó que sí; sabía que su hermano se levantaría de nuevo en la resurrección del día postrero (Juan 11:24). Para nosotros, estas pueden parecer doctrinas reconocidas de la fe cristiana, pero en el tiempo y el lugar de Marta no eran universales. En el judaísmo de la época de Marta, la idea de una vida más allá de esta no era aceptada por los saduceos, las autoridades religiosas que controlaban el templo y el sacerdocio. Eran los fariseos, que constituían una minoría, los que enseñaban una práctica más viva del judaísmo. Los fariseos creían que no eran solo las prácticas rituales del templo las que importaban, sino que también contaba lo que sucedía en el hogar y en la vida cotidiana. También enseñaban que la vida no terminaba en la tumba, sino que continuaría cuando los hombres y las mujeres de fe se levantaran de sus cuerpos en el día del juicio final. A veces Jesús arremetía contra los fariseos, combatiendo su tergiversación retorcida de la fe. Pero la fe en la resurrección final era algo que Él compartía con

Marta. Sin embargo, no fue eso lo que quiso decir al hablar de Lázaro en esos momentos de angustia.

Jesús le dice a Marta: "Yo soy la resurrección y la vida" (Juan 11: 25). Marta comprendía que la resurrección era un *suceso* que tendría lugar en el futuro; Jesús le mostró que la resurrección era una *persona*. La resurrección no era solo algo para esperar que sucediera, muy lejos, al final de los tiempos. Jesús le estaba diciendo que estaba pasando justo en ese momento, y que la resurrección era la participación en su vida.

Esto es algo con lo que algunos cristianos siguen luchando hoy. Es tan fácil pensar en el tiempo como una línea recta, que se mueve hacia adelante de la única manera en que nuestras mentes limitadas pueden comprender. Pero en los Evangelios, Jesús una y otra vez nos muestra que la eternidad no funciona de esa manera. Participar en el plan de Dios nos llevará más allá de los límites humanos del tiempo y el espacio. La resurrección está sucediendo ahora, y lo que pasará con nuestros cuerpos en el día final es una extensión de lo que ya ha comenzado en nuestra alma. Es una idea teológica compleja, una a la que Jesús hace alusión en su conversación con Nicodemo en Juan 3, pero que Él desarrolla por completo solo aquí, en una conversación con su amiga de confianza.

> Le dijo Jesús: Yo soy la resurrección y la vida; el que cree en mí, aunque esté muerto, vivirá. Y todo aquel que vive y cree en mí, no morirá eternamente (Juan 11:25-26a).

Y continúa explicando la relación entre la muerte y la vida, y cómo la vida que proviene de Él no puede ser aniquilada por la muerte. Esto también nos da información sobre su relación con Marta y sobre quién era ella. Pensémoslo: Jesús estaba a punto de visitar la casa de un difunto. Se acababa de encontrar con la hermana que sufría por el hombre que había muerto unos días atrás, y no contuvo sus palabras. Jesús con confianza declaró: "Tu hermano resucitará" (Juan 11:23). Ya les había dicho a los discípulos que el milagro se estaba desarrollando específicamente para que Dios fuera glorificado, junto con el Hijo (Juan 11:4). Es probable que supiera que la mente hábil de Marta luchaba con estos temas, entonces estableció algunos principios teológicos profundos y le hizo una pregunta notable: "¿Crees esto?" (Juan 11:25).

Pensemos en otras veces en que Jesús hace esas preguntas directas. Les explica el misterio de la vida eterna a Nicodemo, y a los discípulos en otras oportunidades, pero en ningún otro lugar de la Biblia se detiene a preguntar: "¿Crees esto?". Es casi como si Jesús hiciera una pausa para asegurarse de que Marta estaba con Él y comprendía lo que le estaba diciendo. ¿Estaba esperando para que ella hiciera la conexión final? Porque si Jesús verdaderamente era la resurrección y la vida, como le decía, entonces algunas otras cosas sobre Él, todavía más importantes, debían ser igualmente ciertas. Marta hizo la conexión, y nos brindó una de las más completas y hermosas confesiones de fe registradas en la Biblia:

> Le dijo: Sí, Señor; yo he creído que tú eres el Cristo, el Hijo de Dios, que has venido al mundo (Juan 11:27).

Igual que Pedro en el Evangelio de Mateo, Marta une las piezas del rompecabezas: Jesús es el Cristo, el Mesías, el cumplimiento de la profecía del Antiguo Testamento. Esto es lo que su propia observación, en combinación con su análisis intelectual, le reveló. Pero su fe le dijo algo más: que este Mesías prometido no era simplemente un hombre, sino que, de alguna manera misteriosa, participaba en la vida real de Dios mismo. Marta estaba entre los primerísimos que hicieron una confesión de fe completa.

Pero seguía siendo, por supuesto, la práctica Marta. Cuando iba a encontrarse con Jesús, que se aproximaba al poblado, ¿alguna parte de ella seguía sintiéndose frustrada, preguntándose por qué María no venía con ella? Después de todo, ¡el Maestro había venido a verlas! ¿Estaba María, la más sensible y a quien rodeaban amigos y vecinos consolándola, demasiado frágil en su angustia como para correr de su hogar y acompañarlos en el camino en esos momentos? Luego de esta conversación esclarecedora, Marta volvió al hogar y le dijo a María que Jesús preguntaba por ella. Cuando Jesús vio el sufrimiento de María, junto con el de otros que lamentaban la muerte de Lázaro, lloró y luego entró con ellos en la tumba. Aquí, Jesús y Marta tienen el último intercambio que registra el Evangelio.

Jesús, profundamente conmovido otra vez, vino al sepulcro. Era una cueva, y tenía una piedra puesta encima. Dijo Jesús: Quitad la piedra. Marta, la hermana del que había muerto, le dijo: Señor, hiede ya, porque es de cuatro días (Juan 11:38-39).

Marta no sería Marta si no se estuviera preocupando por los aspectos prácticos de lo que estaba por convertirse en el milagro de la victoria de Jesús sobre la muerte. O quizás ella todavía no terminaba de entender qué era lo que Jesús estaba haciendo. El cuerpo de Lázaro seguramente había sido ungido con especias aromáticas y perfumes, y lo habían envuelto con cuidado; pero, aun así, es probable que las esencias y los perfumes hubieran demorado el hedor de la carne en descomposición solo por un tiempo. ¿Podemos culpar a

Marta por no querer encontrar el cuerpo de su hermano en esa condición? Ella y su hermana deben haber sido las que prepararon el cuerpo para el entierro, así tenían su oportunidad de despedirse, no solo del alma de su hermano, sino también de su cuerpo. ¿Y ahora Jesús quería exponer ese cuerpo en descomposición? La idea era inconcebible.

¿Cuántos de nosotros podemos vernos reflejados en Marta en ese momento? Acababa de hacer una hermosa confesión de fe que expresaba todas las verdades milagrosas sobre Jesús. Sin embargo, aquí, solo unos versículos después, se paralizaba y decía: *No, no lo entiendes. Es una mala idea.* Volvía a ver con los ojos del mundo y no con los ojos de la fe. Esto muestra una perfecta imagen de nuestra fragilidad. Como seres humanos, los cristianos somos capaces de hacer grandes declaraciones de fe, pero cuando las circunstancias cuestionan nuestros fundamentos, podemos ser como Marta en la tumba diciendo: *Ahora, espera unos minutos. ¡Esto no funciona así!*

Jesús pronunció un último mensaje de sabiduría para Marta y para nosotros: "Jesús le dijo: ¿No te he dicho que, si crees, verás la gloria de Dios?" (Juan 11:40). La llevó de vuelta a su propia declaración de fe. A veces, Dios debe recordarnos amablemente sus promesas, y nuestra confianza en ellas, antes de poder mostrarnos la verdad de su gloria obrando en nuestra vida.

Imaginemos cómo se habrá sentido Marta cuando vio a su hermano muerto caminando fuera de la tumba hacia los brazos de Jesús que lo esperaban. Ella y su hermana eran tan diferentes; sin embargo, su vínculo en el dolor era obvio. Seguramente, deben haberse encontrado en ese momento de gozo inmenso e increíble. Deben haberse abrazado y llorado de alegría; no solo por el regreso de su amado hermano, sino por la manifestación de todo lo que sabían que era cierto de su querido maestro.

Es probable que Marta y María vivieran vidas tranquilas. Eran mujeres, y eso tenía algunas implicancias para ellas en ese momento y ese lugar. No habían seguido a Jesús en sus viajes de Galilea a Judea; no habían sido discípulos errantes. La vida de la mujer en esa época era mayormente doméstica. Entonces, ¿qué indica el hecho de que Jesús tomara su vida privada y la convirtiera en algo más? La resurrección de Lázaro de los muertos fue uno de sus milagros más públicos. Todo el poblado estaba allí mirando, y Jesús lo sabía. Cuando oró al Padre dijo:

> Padre, gracias te doy por haberme oído. Yo sabía que siempre me oyes; pero lo dije por causa de la multitud que está alrededor, para que crean que tú me has enviado (Juan 11:41a-42).

Debido a este acto muy público, muchas de las personas que se habían reunido con las hermanas para lamentarse creyeron en Jesús, y las noticias del milagro se esparcieron como pólvora más allá de Betania hasta la misma Jerusalén, encendiendo el interés y despertando las sospechas de las autoridades. Para muchos, la resurrección de Lázaro de los muertos fue un anuncio público de Jesús de quién realmente era. Paso a paso, había estado sacando a Marta y María de su vida protegida hacia el mundo real.

Los Evangelios dicen que, en su crucifixión, las mujeres estaban en la cruz observando la muerte de Jesús. ¿Estaban María y Marta allí? Podemos imaginar la escena: Marta con su brazo sobre la hermana que lloraba, mirando fijamente la cara de su maestro hasta el final mismo. ¿Habrá pensado: *Cómo aquel que le dio vida a mi hermano no puede darse vida a sí mismo?* ¿O recordaba las palabras que Jesús dijo en la tumba de Lázaro solo una semana antes: *¿No te he dicho que, si crees, verás la gloria de Dios?* ¿Ella recordaría cómo Él la había llevado amorosamente a la plenitud de su fe? Como había estado en la tumba de Lázaro, y lo había visto salir vivo, ¿Marta podía permanecer a los pies de la cruz y creer que este no era el fin de Jesús? ¿Ella comprendía que vería la gloria de Dios? ¿Qué implicaría para nosotros ver esa gloria en medio de nuestra angustia y nuestro dolor, y la aparente derrota, recordando las verdades eternas que Jesús le reveló a Marta, promesas que nos reafirman, incluso ahora, que la resurrección todavía está por venir?

Preguntas de estudio sobre María y Marta de Betania

1. Una de las cosas más sorprendentes sobre la historia de María y Marta es la amistad cercana de Jesús con ambas, aunque eran personas muy diferentes. Jesús tiene facilidad para tener amistad, no solo con una amplia gama de personas, y pensemos en las diferencias de personalidad de algunos de sus discípulos, sino también con las mujeres en particular. ¿Qué otros ejemplos de amistad de Jesús con mujeres hay en los Evangelios?

2. Jesús no se casó, como muchos, si no todos, de sus amigos cercanos, entre ellos María y Marta. Parece valorar los lazos de amistad igual (o más que) los lazos del matrimonio. ¿Vivimos a la altura de ese compromiso en nuestra propia vida, invirtiendo tiempo y esfuerzo en esas relaciones de amistad? ¿Incluimos tanto a hombres como a mujeres entre nuestros amigos cercanos, como Jesús incluyó a ambos entre los suyos? A menudo le dedicamos mucho esfuerzo espiritual a nuestro matrimonio, y a asegurarnos de que esté lleno de santidad. ¿Qué podemos hacer en nuestra vida para valorar y promover nuestros vínculos de amistad como espacios de santidad y crecimiento, así como lo son los pactos matrimoniales?

3. El Evangelio de Juan, en particular, especifica la relación de María y Marta con el sufrimiento de Jesús y su muerte en Jerusalén. En Juan, la resurrección de Lázaro sucede justo antes de que Jesús entre en Jerusalén, y el resentimiento de las autoridades religiosas por esa resurrección

es explícito (ver Juan 12:9-11). La resurrección de Lázaro incluso puede considerarse como el "evento desencadenante" que lleva a la traición y muerte de Jesús, y es la señal culminante que realiza Jesús en este Evangelio. Lee la primera de todas las señales que Jesús hace en Juan (2:1-11). ¿Cuál es la diferencia entre esta señal y la última? Las mujeres son decisivas en ambos casos, pues lo alientan y le piden que revele todo su poder; María, la madre de Jesús, en el milagro de Caná, y María y Marta de Betania en la resurrección de Lázaro. ¿Qué nos dice esto sobre el rol de la mujer, tanto en la vida y el ministerio de Jesús, como en la iglesia primitiva? ¿Qué puede decirnos sobre nuestra vida hoy, y nuestra relación con Jesús?

María, madre de Jesús, y María Magdalena:

Testigos del Evangelio

~~~

María, madre de Jesús

(MATEO 1:18-2:23; LUCAS 1:26-56, 2:1-52, 8:19-21; JUAN 2:1-12, 19:25-27)

La mujer más famosa de la Biblia probablemente sea, en muchas maneras, la mujer de la que menos sabemos. ¿Quiénes fueron sus padres? ¿Cómo la criaron? ¿Qué había en ella que Dios decidió que esta joven sería "bendita entre las mujeres"? Conocemos su historia tan bien que algunos de los hechos más llamativos quizás no nos parezcan tan inusuales. Pero miremos más detenidamente, con nuevos ojos, y solo imaginemos lo que debe haber experimentado la joven María. La súbita aparición de un ángel enviado con un mensaje directo de Dios debe haber sido, seguramente, abrumadora. Unamos eso con el anuncio de que, aunque era virgen, iba a tener un hijo; *el* Hijo. Verdaderamente impresionante. La primera reacción de María fue de incredulidad, y le preguntó al ángel: "¿Cómo será esto? pues no conozco varón" (Lucas 1:34). Me pregunto qué más estaría pasando por su cabeza: *¡Nadie va a creer esto! ¿Cómo se lo voy a explicar a José, y a mi familia?*

Al leer sobre María, la María de Belén con los pastores, los sabios y el Niño Jesús, una buena manera de comprenderla es observar quién era no solo al comienzo, sino también al final de su viaje apasionante y desgarrador. Después de la crucifixión de Jesús, su resurrección, y, luego su ascensión al cielo en el Monte de los Olivos, los discípulos volvieron a la ciudad. Entraron en el aposento alto donde se habían reunido antes, pero esta vez no estaban acurrucados por el miedo. Ahora estaban armados con una promesa invencible del poder del Espíritu Santo.

> Subieron al aposento alto, donde moraban Pedro y Jacobo, Juan, Andrés, Felipe, Tomás, Bartolomé, Mateo, Jacobo hijo de Alfeo, Simón el Zelote y Judas hermano de Jacobo. Todos estos perseveraban unánimes en oración y ruego, con las mujeres, y con María la madre de Jesús, y con sus hermanos (Hechos 1:13b-14).

La presencia de María en este lugar, en el corazón de la primera Iglesia, en esa habitación con sus discípulos, nos brinda información importante, incluso (como ya dijimos en el capítulo de María y Marta) que las mujeres seguían siendo una parte crucial de la comunidad cristiana primitiva. Esto puede no parecer extraño, pero en la Judea del siglo I, la idea de que la mujer fuera parte de un grupo de discípulos errantes de un rabino era impensable. La comunidad cristiana de los primeros tiempos ya se diferenciaba mucho del mundo que la rodeaba.

Una de las cualidades características de María, ilustrada en este pasaje de Hechos, era su devoción a la oración. Desde los primeros momentos en que la conocemos, es perseverante y fiel en esta disciplina. En donde estuvieran reunidos los cristianos en oración atenta, María estaba orando con ellos.

Y, por supuesto, en los días después de que Jesús resucitado los dejó, la espera en oración que practicaban en esa habitación, aguardando el don del Espíritu Santo, la gran señal que Jesús les había prometido, era exactamente el tipo de oración de la que María había sido ejemplo toda su vida. Toda su relación con Dios había girado en torno a la espera de que se cumplieran sus promesas, aun cuando parecían imposibles según los estándares humanos. ¿Quién mejor que ella para ser ejemplo para los discípulos de Jesús de lo que significaba la espera verdadera y en oración?

A pesar de tener asiento en primera fila en el ministerio de Jesús y de su comprensión profunda de todo lo que Él trató de enseñarles, los discípulos deben haber tenido dudas. Incluso después de presenciar tantos milagros en los cuarenta días posteriores a la resurrección, aun después de ver la ascensión, en algunos momentos los discípulos deben haberse preguntado por qué Jesús tenía que irse. Después de la cruz y su resurrección, comenzaron a entender por completo su poder y su propósito, pero todavía tenían preguntas sobre su partida. ¿Por qué no podía simplemente quedarse para siempre? ¿Esto era todo? En medio de lo desconocido, María estaba allí con fe.

Su oración con los discípulos en esos días agitados era el resultado de un compromiso de por vida con los planes de Dios, aun cuando no se alineaban con los propios. Al igual que nosotros, ella debe haber crecido en fe a través de los años, observando el ministerio de su hijo e internalizando más plenamente su propósito; lo cual nos lleva de vuelta a su comienzo: con gran humildad y paciencia. No mucho después de que la visitó el ángel Gabriel, que vino con el mensaje de que María daría a luz al Salvador del mundo, escuchamos su declaración de la poderosa bondad de Dios.

Engrandece mi alma al Señor; Y mi espíritu se regocija en
Dios mi Salvador. Porque ha mirado la bajeza de su sierva;
Pues he aquí, desde ahora me dirán bienaventurada todas
las generaciones. Porque me ha hecho grandes cosas el
Poderoso; Santo es su nombre, Y su misericordia es de generación en generación A los que le temen. Hizo proezas
con su brazo; Esparció a los soberbios en el pensamiento
de sus corazones. Quitó de los tronos a los poderosos,
Y exaltó a los humildes. A los hambrientos colmó de bienes, Y a los ricos envió vacíos. Socorrió a Israel su siervo,
Acordándose de la misericordia De la cual habló a nuestros padres, Para con Abraham y su descendencia para
siempre (Lucas 1:46-55).

Su foco no estaba en el bebé por venir, sino en las seguri-
dades que ya tenía sobre Dios, que le había enviado la misión
celestial. Todos entenderíamos si ella se sintiera abrumada
por la magnitud de la tarea, pero aquí ella habla con confianza
en la misericordia de Dios, recordando las acciones que ya
vio, y además las promesas que se cumplirían.

María era una evangelista con una misión muy personal.
Conocía grandes verdades de Dios, un Dios que eligió una humilde muchacha de un páramo de una provincia romana para
traer a su Hijo a redimir la humanidad. Se trataba de Dios que
intervenía en el curso de la historia de la humanidad, metién-
dose en esa historia para salvarla. La llegada de Jesús sería
revolucionaria. Sabiendo todo esto, María nunca volvería a
ver el mundo de la misma manera, y ella no se guardó este
conocimiento; lo proclamó.

Seguramente sabía que el camino que Dios había preparado para ella cambiaría el mundo y, sin embargo, su primer testimonio sobre Él y sus planes comenzaron en el más

pequeño de los escenarios: el hogar de su prima Elisabet. A veces creemos que el tamaño de nuestra audiencia es directamente proporcional al impacto que podemos tener, pero María no corrió a la plaza del pueblo. Comenzó con su propio círculo familiar, y esa es, a menudo, la congregación más importante; las personas que amamos, los más próximos, porque ellos pueden tener una mirada cercana de nuestra fe y de cómo elegimos vivirla en las maneras más prácticas. Esto incluye lavar ropa, comprar provisiones, pagar facturas y limpiar lo que ensucia el perro, es decir, las cuestiones básicas que verdaderamente prueban nuestra paciencia. Las dos mujeres tenían un vínculo muy especial. El embarazo de Elisabet también había sido anunciado por un ángel. Elisabet, que era estéril y mayor en edad, daría a luz al hombre que serviría de precursor de Jesús mismo: Juan. El ángel proclamó que Juan acercaría muchas personas a Dios "para preparar al Señor un pueblo bien dispuesto" (Lucas 1:17). Observemos la bella reunión entre las dos primas cuando comparten sus destinos divinos.

> Y aconteció que cuando oyó Elisabet la salutación de María, la criatura saltó en su vientre; y Elisabet fue llena del Espíritu Santo, y exclamó a gran voz, y dijo: Bendita tú entre las mujeres, y bendito el fruto de tu vientre. ¿Por qué se me concede esto a mí, que la madre de mi Señor venga a mí? Porque tan pronto como llegó la voz de tu salutación a mis oídos, la criatura saltó de alegría en mi vientre. Y bienaventurada la que creyó, porque se cumplirá lo que le fue dicho de parte del Señor (Lucas 1:41-45).

No solo María fue llena del Espíritu Santo, sino que su prima Elisabet tuvo la misma experiencia. La declaración de la bondad y del poder de Dios que hizo María fue su respuesta a lo que dijo Elisabet. Elisabet se había enfocado en María, y proclamó su bienaventuranza al preguntar: "¿Por qué se me concede esto a mí, que la madre de mi Señor venga a mí?" (Lucas 1:43). María tomó esa alabanza y amablemente la reencauzó a la fuente misma de los milagros que ambas estaban experimentando.

Entre estos dos momentos extremos de la vida de María, la visita de Gabriel y la ascensión de Jesús, vemos que ni siquiera ella sabía cómo se desarrollaría la vida de su Hijo. Ella, además, también fue sorprendida con la guardia baja en algunas circunstancias, siempre confiando en quién era Jesús, pero no siempre dentro del plan de juego. Desde sus primeros días, María y José, en reiteradas oportunidades, debieron huir; primero de Herodes, el rey que estaba decidido a terminar con la vida del joven Jesús. Esta amenaza los hizo escapar a Egipto y, luego, los llevó a Nazaret. Pero en el camino, María recibió una confirmación santa del plan mayor. Lucas 2 cuenta la historia de un hombre "justo y piadoso" llamado Simeón. María y José lo encontraron en Jerusalén, en el patio del templo, donde habían llevado a Jesús para consagrarlo, según la costumbre. Simeón había recibido la promesa de que no moriría antes de ver al Mesías. Veamos qué sucede cuando ve a Jesús.

> Él le tomó en sus brazos, y bendijo a Dios, diciendo: Ahora, Señor, despides a tu siervo en paz, / Conforme a tu palabra; / Porque han visto mis ojos tu salvación, / La cual has preparado en presencia de todos los pueblos; / Luz para revelación a los gentiles, / Y gloria de tu pueblo Israel (Lucas 2:28-32).

Desde antes de la concepción, José y María sabían que su Hijo era especial, pero observemos lo que dice Lucas sobre su reacción a la declaración emotiva de Simeón. "Y José y su madre estaban maravillados de todo lo que se decía de él" (Lucas 2:33). Incluso ellos, que estaban al tanto de su concepción divina, parecían sorprendidos por el recordatorio de su verdadera identidad.

Junto con el arrebato de gozo de Simeón, llegó una advertencia: "y una espada traspasará tu misma alma" (Lucas 2:35). ¿Las palabras de Simeón sembraron una semilla en la mente de María; un pensamiento que llevó durante todo el tiempo hasta la cruz? Sabemos que era el tipo de mujer que "guardaba todas estas cosas, meditándolas en su corazón" (Lucas 2:19). Además, se nos cuenta sobre una viuda mayor que había ayunado y orado en el templo por décadas: Ana. Ella también reconoció a Jesús ese día y testificó sobre su destino.

Sin embargo, José y María estaban ocupados en las tareas cotidianas de formar una familia y trabajar. Entonces, aunque tenemos una retrospectiva clara de su obra y su ministerio, parece que ellos, a veces, tenían que recibir algún recordatorio. Cuando Jesús tenía tan solo doce años, viajaron todos a Jerusalén por la Pascua. Pero cuando sus padres comenzaron el camino de regreso a casa, Jesús se quedó sin decirles. Ya habían viajado un día completo antes de que María y José se dieran cuenta de que su hijo no estaba con la multitud. Deben haber estado aterrorizados. Lucas cuenta que volvieron a Jerusalén y recién lo encontraron tres días después, sentado en el patio del templo, inmerso en debates teológicos profundos. "Y todos los que le oían, se maravillaban de su inteligencia y de sus respuestas" (Lucas 2:47). Tenían todo el derecho de estar molestos, y era evidente que María lo estaba:

204 LAS MUJERES DE LA BIBLIA NOS HABLAN

Y le dijo su madre: Hijo, ¿por qué nos has hecho así? He aquí, tu padre y yo te hemos buscado con angustia. Entonces él les dijo: ¿Por qué me buscabais? ¿No sabíais que en los negocios de mi Padre me es necesario estar? Mas ellos no entendieron las palabras que les habló (Lucas 2:48-50).

Estas dos personas, sus padres terrenales, habían recibido sendas visitas de un ángel que les había dicho exactamente en quién se convertiría su Hijo. Sin embargo, una vez más vemos que no podían comprender por completo la importancia de lo que eso significaba.

Es probable que este momento, para María, haya sido la primera vez en que realmente enfrentó la idea de que su Hijo no era tan solo de ellos. Lo sabía con el intelecto, obviamente; el mensaje del ángel había dejado en claro quién sería su Hijo. Pero una cosa es saber algo con la mente, y otra es saberlo con el corazón. Quizás María pensaba que todavía faltaban décadas para el día en que Jesús fuera de todo el mundo; ver que comenzaba cuando tenía apenas doce años debe haber sido impactante. Lucas continúa contando que Jesús "estaba sujeto" a sus padres, y que María "guardaba todas estas cosas en su corazón" mientras "Jesús crecía en sabiduría y en estatura, y en gracia para con Dios y los hombres" (Lucas 2:51-52).

Todos esos años, María fue su madre cariñosa, equilibrando su diálogo interno sobre los días en que disfrutaba de verlo crecer y los años de incertidumbre que todavía quedaban. Tiempo después, vemos que es decisiva en la primera exhibición en público de su poder milagroso. María y Jesús, junto con sus discípulos, estaban en una boda en Caná. Cuando se terminó el vino, fue María quien llamó la atención de Jesús. Esto sugiere que ella sabía de lo que Él era capaz, pero Jesús sugirió que todavía no era el momento de que comenzara su ministerio público. En lugar de presionar a su Hijo, María simplemente les dijo a los sirvientes que hicieran "todo lo que os dijere" (Juan 2:5). Fueran cuales hubieran sido sus dudas hasta ese momento, María ahora estaba dispuesta a revelarle la identidad de su Hijo al mundo. En su primer milagro registrado, Jesús transformó el agua en vino; un vino tan bueno que desconcertó al hombre que supervisaba la fiesta, quien le dijo: "tú has reservado el buen vino hasta ahora" (Juan 2:10).

Y así comenzó el ministerio que llevaría a Jesús directo a la cruz. Para ese momento, ella debe haber sabido que le aguardaban más aflicciones una vez que Él comenzara su camino en serio, pero no intentó protegerlo. El miedo que vimos en María cuando Jesús era joven se había transformado en una serena confianza. Sabía que era capaz de más. Ese día, Cristo dio el siguiente paso en su ministerio; y se acercó más a la muerte brutal que prepararía el camino para la salvación de un mundo perdido.

María, su madre, estaba allí a los pies de la cruz cuando murió. El solo hecho de tratar de imaginar su angustia es prácticamente insoportable para muchos de nosotros. Su precioso Hijo, anunciado por ángeles, celebrado por profetas, y alabado como erudito brillante, moría públicamente y ella era testigo. ¿Habría alguna parte de ella que se preguntara si los planes de Dios habían salido terriblemente mal? ¿Ella habría mal interpretado el destino que pensaba que estaba trazado para su Hijo?

En su gran compasión, en medio de su agonía, Jesús la miró directamente:

Cuando vio Jesús a su madre, y al discípulo a quien él amaba, que estaba presente, dijo a su madre: Mujer, he ahí tu hijo.

Después dijo al discípulo: He ahí tu madre. Y desde aquella hora el discípulo la recibió en su casa (Juan 19:26-27).

Incluso en este momento de gran angustia, Jesús pensaba en su madre terrenal, la mujer que había encontrado el coraje para aceptar su misión celestial, tan solo para ver cómo terminaba pareciendo, según cualquier estándar humano, una tragedia.

Muy a menudo, los cristianos cometen el error de pensar que el camino estará siempre lleno de placer. María era más sabia. La angustia, la tristeza y el dolor que experimentamos en esta vida son reales, y no somos llamados a ignorarlos, ni reprimirlos. La vida de María, arraigada en la oración y la paciencia, les demostró a los primeros cristianos que el único sendero hacia el gozo eterno a menudo atravesaba las aflicciones y la espera en oración en Dios. No existía otro camino hacia la resurrección que no fuera a través de la cruz, y la vida de María nos lleva directamente allí.

De todas las experiencias de resurrección que registra la Escritura, el encuentro de Jesús con su madre es una de ellas. No podemos saber qué se dijeron, pero el diálogo debe haber estado lleno del gozo profundo que trasciende las circunstancias temporales. Podemos imaginar que María, la misma cuyo canto de alabanza anunció al Dios que cambiaría todo al enviar a su Hijo a caminar entre nosotros, debe haber estado rebosante de poesía al ver a Jesús resucitado.

La Biblia no registra ninguna palabra de María durante la resurrección; ni siquiera después de la ascensión. Pero allí permanece, en el corazón de la iglesia primitiva, con su oración para sostener a los apóstoles. Así como todos estamos equipados de manera diferente, también lo estaba María. Su labor fue distinta de la prédica pública de Pedro, o de la audaz declaración de María Magdalena. El suyo era un camino más tranquilo, pero profundamente gozoso, instruido tanto por la miseria devastadora como por el júbilo inefable. Y al igual que las otras mujeres que vemos en este libro, cada una tiene un rol fundamental en la historia de la salvación. A medida que aceptamos el desafío de compartir el Evangelio, que podamos todos, igual que María, usar nuestros dones para declarar su gloria.

María Magdalena

(MATEO 27:55-56; MARCOS 15:40, 16:9; LUCAS 8:2-3;
JUAN 20:11-18)

Uno de los desafíos que encontramos en el Nuevo Testamento es este: varios personajes amados comparten el nombre "María". Puede resultar difícil mantener el orden. Muchos
eruditos consideran que la lista sería más o menos así:

> *María, la madre de Jesús; María Magdalena*
> *María de Betania, la hermana de Marta;*
> *María, la madre de Jacobo y José (Marcos 15:40);*
> *María, la madre de Juan Marcos (Hechos 12:12); y*
> *María, la mujer de Cleofás (identificada como cuñada de*
> *María, la madre de Jesús, en Juan 19:25).*

El nombre "Miriam", del que deriva "María", trae a la memoria la gran mujer de fe que, con su hermano Moisés, guio al
pueblo de Israel lejos de la esclavitud. Evidentemente, María
encabezaba la lista de nombres para bebés de la Judea del
siglo I. Es probable que esté relacionado con el hecho de que,
en ese momento, la provincia romana de Judea era una nación
totalmente ocupada, una fracción reticente del vasto Imperio
romano. Las tropas romanas estaban apostadas en casi todas
las ciudades importantes, y en varios pueblos y parajes. Los
judíos resistieron cuando y donde pudieron, y en las décadas
posteriores a la muerte y resurrección de Jesús liderarían dos
levantamientos importantes contra el régimen de Roma. "Miriam", "Mariam" en arameo, se podía traducir principalmente
de tres maneras: amargura, amada y *rebelión*. Entonces, tiene

sentido que, en una época en que las personas anhelaban liberación, el nombre fuera popular.

La abundancia de Marías cerca de Jesús nos dice algo sobre quiénes eran sus discípulos. Seguramente memorizamos los nombres de los doce apóstoles en la escuela dominical, pero ese no es el fin de la lista. Sabemos por la Biblia que la lista de discípulos o seguidores era mucho más larga. Jesús mismo envió a setenta discípulos a llevar la paz, sanar y difundir la palabra de Dios por varios pueblos y parajes (Lucas 10:1-2). Esto sugiere que debe haber habido una gran multitud de aprendices y seguidores cerca de Jesús. Sabemos que muchas eran mujeres, no solo las Marías que acabamos de enumerar, sino otras, como Juana, Susana y Salomé. Recordemos que Jesús introdujo un cambio radical en el mundo de la Judea del siglo I. Desde el mismo comienzo, vio a las mujeres que lo seguían como hijas amadas de Dios, que merecían una oportunidad de aprender sobre el Padre celestial y de seguirlo.

En todos los Evangelios, vemos la devoción y dedicación de la María que vino desde el pueblo pesquero de Magdala, "María Magdalena". Que se la mencione en los cuatro sugiere que era parte importante de la vida y la historia de Jesús. Lucas cuenta que María y las otras mujeres "le servían de sus bienes" (Lucas 8:3). Lucas también comparte un detalle insólito: era la María "de la que habían salido siete demonios" (Lucas 8:2). En reiteradas oportunidades de su ministerio, Jesús deja en claro que aquel que ha experimentado el mayor perdón lo amará más, y parece que María amaba a Jesús con devoción fervorosa. En los cuatro Evangelios es testigo de su crucifixión y, en Juan es la primera testigo del milagro de la resurrección.

El relato de la resurrección de Juan es el más detallado y el que más cuenta sobre María. Nos revela sobre este milagro en etapas, mientras los discípulos luchan para comprender exactamente qué ha sucedido. Juan explica que, temprano en la mañana de ese primer domingo de Pascua, María estaba entre las mujeres que fueron a la tumba con una angustia desgarradora, solo para descubrir que la piedra que cubría la entrada había sido sacada. Atónitas, ni siquiera se quedaron a investigar, sino que inmediatamente corrieron hacia los discípulos para informarles sobre este alarmante desenlace, y contaron de buenas a primeras:

> Se han llevado del sepulcro al Señor, y no sabemos dónde le han puesto (Juan 20:2).

Pedro y otro discípulo se pusieron en carrera directo a la tumba. Hicieron lo que no había hecho María; ir adentro para descubrir lo inimaginable: que el cuerpo de Jesús, realmente, no estaba. Sin embargo, todas las telas usadas para envolver su cuerpo para la sepultura habían sido dejadas. Les debe haber parecido muy extraño.

El Evangelio dice que, en este momento, "volvieron los discípulos a los suyos" (Juan 20:10). Estaban intrigados y confundidos, y no se quedaron. El siguiente versículo es estremecedor:

> Pero María estaba fuera llorando junto al sepulcro (Juan 20:11).

Pensemos en la escena. Había seguido a su amado maestro y había aprendido de él, solo para ser obligada a ver su salvaje muerte en la cruz. Al regresar a su tumba con profundo dolor, se encontró con el devastador hallazgo de que su precioso cuerpo ya no estaba. Los discípulos, traumatizados, partieron, y la vemos sollozando sola. Sin embargo, en realidad no estaba sola:

> Y mientras lloraba, se inclinó para mirar dentro del sepulcro; y vio a dos ángeles con vestiduras blancas, que estaban sentados el uno a la cabecera, y el otro a los pies, donde el cuerpo de Jesús había sido puesto. Y le dijeron: Mujer, ¿por qué lloras? Les dijo: Porque se han llevado a mi Señor, y no sé dónde le han puesto (Juan 20:11-13).

Es fácil que pasemos por alto lo que estos versículos revelan sobre María. Encontró a dos ángeles sentados en la tumba de su amado maestro, pero no clamó con miedo, como se esperaría ante la visión de un ángel. ¿Había algo respecto de la presencia de estos ángeles que fuera reconfortante? ¿Estaba tan profundamente angustiada que no reconoció que eran seres celestiales? Durante el tiempo que estuvo con Jesús, María había visto milagros increíbles. ¿Podría ser que su fe en la realidad celestial fuera tan sólida que genuinamente no se sorprendía al ver ángeles, ni siquiera, o especialmente, en este lugar de aflicción y tristeza?

Los ángeles le hicieron una pregunta y ella respondió. Simplemente afirmó que quería saber dónde habían llevado el cuerpo de su Señor. Cuando terminó el día de reposo, María y las otras mujeres "compraron especias aromáticas para ir a ungirle" (Marcos 16:1). Esa mañana, su único propósito era ir al lugar donde lo habían colocado para poder honrarle en su muerte. Es probable que no haya sido fácil pensar en esta tarea, pero estas mujeres deben haberlo considerado un gran privilegio. Entonces, seguramente sintieron que era otro golpe desmoralizador cuando descubrieron que alguien había tomado su cuerpo maltratado; la única cosa terrenal que probablemente María sentía que seguía conectándola con Él.

Pero fue el mismo Jesús quien la llamó desde aquel lugar de desesperación póstuma:

> Cuando había dicho esto, se volvió, y vio a Jesús que estaba allí; mas no sabía que era Jesús. Jesús le dijo: Mujer, ¿por qué lloras? ¿A quién buscas? Ella, pensando que era el hortelano, le dijo: Señor, si tú lo has llevado, dime dónde lo has puesto, y yo lo llevaré. Jesús le dijo: ¡María! Volviéndose ella, le dijo: ¡Raboni! (que quiere decir, Maestro) (Juan 20:14-16).

Es imposible leer este pasaje sin sentir algo de lo que debe haber sentido María. La profundidad de su emoción es evidente; ilustra la enorme pérdida que probablemente intentaba procesar. Vemos el sufrimiento abrumador en el hecho de que ni siquiera reconoció a Jesús. Sus ojos seguramente estaban empañados por el llanto. Lo único que quería era una oportunidad de reclamar su cuerpo.

Solo bastó una palabra, "María", para transformar ese dolor agobiante en gozo inconmensurable. En la Biblia, el uso del nombre propio es la manera más poderosa de todas de establecer una conexión. "¡Moisés!", lo llama Dios desde la zarza ardiendo. "¡Saulo, Saulo!", le exclama Jesús a Pablo en el camino a Damasco. Cuando quiso afirmar su pacto, Dios no solo llamó a Abraham por su nombre, sino que le dio un nombre nuevo, como hizo con Jacob. Imagina que el Dios del universo te llama por tu nombre. Ser reconocido y visto por Él significa ser amado incondicionalmente, y eso es lo que María encontró en la tumba.

En lugar de llamarlo por su nombre, la Biblia dice que María lo llamó "Raboni", pero eso implica mucho más. *Raboni* no solo significa "maestro", sino que es "*mi* maestro". Y en esta palabra encontramos el fundamento de la relación de María con Jesús. Ella lo reconocía como maestro y Señor, pero esto no termina de describir su vínculo. Admitir que Jesús es *el* maestro es ver solo una parte de la ecuación. Él necesita ser *nuestro* maestro, uno con quien tenemos, en realidad, una relación en ambas direcciones. "Raboni" implica un poco de afecto; sería casi el equivalente de "mi querido maestro". En respuesta a Jesús, que la llamó por su nombre, ella lo llamó por el título más descriptivo posible.

¿Qué más hizo María? La Biblia dice que Jesús le dijo:

> No me toques, porque aún no he subido a mi Padre; mas ve a mis hermanos, y diles: Subo a mi Padre y a vuestro Padre, a mi Dios y a vuestro Dios (Juan 20:17).

Parece que la primera reacción de María cuando vio al Señor resucitado fue de correr hacia Él y tocarlo; en realidad, de *abrazarlo*. No se detuvo a preguntar ni cuestionar cómo era que estaba pasando eso. No hizo ninguna otra cosa más que correr a Él a abrazarlo, como imagino que muchos de nosotros haríamos en una circunstancia tan desconcertante. Para los judíos practicantes, el contacto casual entre hombres y mujeres, aunque fuera inocente, no estaba permitido. Se habría esperado que Jesús, siendo rabino, les prohibiera a las mujeres que lo tocaran, mucho más que lo abrazaran. En muchas maneras, sin embargo, Él había ignorado las normas culturales que impedían que le ministrara a la gente de manera más personal. Según parece, María no dudó en acercarse a Él, como si supiera que estaba permitido. Jesús detuvo su abrazo solo porque su cuerpo glorificado era algo diferente y nuevo.

214   LAS MUJERES DE LA BIBLIA NOS HABLAN

Jesús también le asignó a María una tarea específica. Le dijo: "ve a mis hermanos" (Juan 20:17), una palabra que nunca antes había usado para sus discípulos. Y continuó: "Y diles: Subo a mi Padre y a vuestro Padre, a mi Dios y a vuestro Dios" (Juan 20:17).

En esas palabras, Jesús los describía a todos como una familia, como coherederos. Aunque haya deseado mucho quedarse en su presencia, la Biblia no da ningún indicio de que María haya vacilado para obedecer su orden:

> Fue entonces María Magdalena para dar a los discípulos las nuevas de que había visto al Señor, y que él le había dicho estas cosas (Juan 20:18).

Sabemos que, hasta este momento, los discípulos seguían estando juntos y no se habían dispersado. Y también sabemos que tenían miedo: "estando las puertas cerradas en el lugar donde los discípulos estaban reunidos por miedo de los judíos" (Juan 20:19). Los discípulos hombres estaban refugiados tras puertas cerradas, con miedo de que la misma horda que había demandado la muerte de su líder hiciera que los mataran también a ellos.

La Biblia no especifica si María estaba igual de temerosa. Ella no había estado escondida bajo cerrojos. Sino que, junto con otras mujeres, había ido a la tumba, prestando cualquier servicio posible al Señor, sin importar las consecuencias que sufriera. Esas mujeres de fe luego compartieron las buenas noticias de la resurrección, enviadas por el mismo Jesús.

Después de Pentecostés y del don del Espíritu Santo, estos hombres salieron y predicaron el Evangelio a todo el mundo. Pero antes de poder hacerlo, tenían que escuchar que se les predicara a ellos el Evangelio, anclado en la gloriosa resurrección. Existe una antigua tradición cristiana que denomina a María como "apóstol a los apóstoles", porque ella fue la que les llevó la noticia de la resurrección. Vemos el coraje de María en este pasaje, al igual que el escepticismo de los hombres:

> Mas a ellos les parecían locura las palabras de ellas, y no las creían (Lucas 24:11).

¿Cómo habrá sido para María tratar de explicar en esta habitación repleta de hombres incrédulos lo que había visto esa mañana? ¿Pensaba que había perdido la razón por la aflicción y la emoción? ¿Alguno de ellos miró a los otros y pensó: *Suena como si esos demonios estuvieran de vuelta*? Hace falta coraje para hablar en un cuarto de personas incrédulas. Pero en el centro de la valentía de María yacía el amor y la fe inquebrantables; el amor desbordante que sentía por su maestro y que había experimentado de Él a cambio, y su seguridad sólida de que Él era quien ella creía que era desde el principio.

¿Cuál es el punto de intersección entre la vida de esta María y la otra, la María más famosa, la madre de Jesús? ¿Qué podemos ver si ponemos la vida de una junto a la de la otra? Estas dos Marías habitaron el mismo lugar y tiempo, y siguieron a Jesús en su ministerio terrenal. Estuvieron en la crucifixión, pero sus historias eran muy diferentes antes de coincidir en el mismo lugar fatal. Mientras que María de Nazaret vivió su fe desde cuando era joven, María de Magdala transitó un camino conmovedor hacia la fe cuando fue liberada de la posesión demoníaca.

Aunque tenían personalidades tan diferentes, es probable que María de Nazaret y María de Magdala pasaran bastante tiempo juntas; años, quizás, durante los viajes con Jesús. Tal vez fueran líderes entre las mujeres que lo seguían, dándoles aliento y siendo ejemplo de cómo las mujeres, también, podían seguir al maestro.

Y después de su muerte, cuando muchos lo abandonaron, ellas no. Las multitudes que lo habían seguido querían algo de Jesús: milagros, sanidades, incluso una revolución política. Sin embargo, cuando las dos Marías lo siguieron, ofrecieron su amor y apoyo.

¿Qué significaría para nosotros si viviéramos la vida de esta manera? ¿Si nos la pasáramos embebidos en las enseñanzas de Cristo, siguiendo su camino, experimentándolo en nuestra vida cotidiana? ¿Y si apoyáramos su misión y su mensaje en nuestra devoción y nuestro enfoque de fe? No sería una vida fácil y pacífica. En realidad, quizás nos forzaría a un camino de conflictos y pesares, pero es en esos valles más dolorosos cuando nuestra fe cobra vida. Al igual que las Marías que encontramos, en un momento cuando la mujer no era a menudo valorada por los miembros importantes de la sociedad, el amor incondicional de Jesús por ellas era puro y permanente, como lo es hoy.

Vivir como ellas (que incluye transitar esos momentos terribles a los pies de la cruz) sería vivir una vida con la recompensa más profunda. Las llevó hasta el gozo indescriptible de la resurrección. Entonces, a medida que navegamos esta vida terrenal de valles y montañas, nosotros, también, podemos esperar el día en que escuchemos a Jesús llamarnos por el nombre con infinita ternura y compasión. Él incluso nos está llamando ahora, sus hijos amados, hasta el día glorioso en que lo veamos cara a cara.

Preguntas de estudio sobre María, madre de Jesús, y María Magdalena

1. Los cuatro Evangelios mencionan a María Magdalena, pero solo en Juan ella tiene un papel protagónico en el anuncio de la resurrección de Jesús. Como vimos en las preguntas de estudio de María y Marta de Betania, las mujeres son importantes en la primera y la última señal que Jesús hace en el Evangelio de Juan: el milagro de Caná (Juan 2:1-11) y la resurrección de Lázaro (Juan 11). En la propia resurrección de Jesús, la voz y la presencia de una mujer vuelven a tener un lugar central.

   Lee cuidadosamente los versículos en los que María interactúa con Jesús resucitado, en Juan 20:11-18. Jesús le habla tres veces. ¿Cuáles son las tres cosas que le dice? ¿Cómo le responde ella? ¿Por qué crees que Jesús le pide que no lo toque?

2. La maternidad es un tema central al que la Biblia vuelve una y otra vez. Hemos visto que la maternidad juega un papel importante en las historias de Sara, Agar, Raquel, Lea, Ana y hasta Rut. La maternidad en la Biblia es una manera de anticiparse a la siguiente generación y al futuro de Israel. ¿De qué manera María, la madre de Jesús, cumple esa idea de maternidad? ¿En qué manera la cambia?

3. Lee los eventos relativos al anuncio, en Lucas 1:26-38. ¿Qué dice María de sí misma aquí y por qué? Al identificarse como "la sierva del Señor", ¿a qué madre bíblica que hemos estudiado podría estar refiriéndose? ¿Qué significado tendría?

4. María y su primo Zacarías derraman cantos de alabanza por el milagro de los niños que se les han concedido, María en Lucas 1:46-55 y Zacarías en Lucas 1:67-79. Lee ambos con atención y toma nota de las diferencias y similitudes. ¿Es significativo que María cante su canción de alabanza antes del nacimiento de su hijo y que Zacarías lo haga después?

5. El canto de María se retrotrae a los grandiosos sucesos de salvación del pasado. ¿Qué eventos bíblicos podría tener en mente María cuando dice: "Hizo proezas con su brazo; esparció a los soberbios en el pensamiento de sus corazones" (Lucas 1:51)? ¿Qué podría tener en mente cuando dice que "exaltó a los humildes" (Lucas 1:52)?

Jesús y las mujeres

En este libro hemos estudiado pares de mujeres con la esperanza de que, al colocar una vida junto a la otra, podamos ver
cosas que no podríamos advertir de otra manera; en qué se
parecen, en qué se diferencian, qué le podría decir la vida de
una mujer a la de la otra. Hemos considerado diferentes ideas
e interpretaciones. Pero, como cristianos, siempre estamos
leyendo la Escritura a la luz del Evangelio, lo que significa que
el mensaje de salvación de Jesús es el centro de todo. Mirar la
Biblia a través de los lentes de nuestros propios pensamien-
tos y nuestras propias ideas es como apuntar con una linterna
a un solo lado de un objeto. Seguramente, nos puede decir
muchas cosas importantes, pero mirarla a través de Cristo es
como encender todas las luces de la habitación. Podemos ver
todo de una sola vez, en lugar de hacerlo por partes.

Todo esto es para decir que Jesús es el punto final de
toda nuestra búsqueda, entonces lo apropiado es que sea el
final de este libro. La vida de cada mujer que hemos estudiado
puede comprenderse mejor en Cristo. Algunas de las mujeres
fueron lo suficientemente afortunadas como para conocerlo
en persona, y estar con Jesús cuando caminó entre nosotros
aquí en la tierra. Algunas vivieron mucho, mucho antes de su
época, y, sin embargo, podemos ver la forma milagrosa en
que están entretejidas en su historia, mucho antes de que el
Señor llegara en forma humana. Aun así, hay otras mujeres

que ni siquiera hemos visto en las páginas de este libro: mujeres que vivieron en la época de Jesús, que lo conocieron o interactuaron con Él, pero cuyos nombres desconocemos. La única información que tenemos de ellas está en unos pocos pasajes de los Evangelios, pero sus historias son increíblemente valiosas. Podemos extraer mucho de ellas para aplicarlo a nuestra vida hoy.

Una y otra vez, vemos a Jesús interactuar con mujeres que necesitaban compasión, ya fuera debido a sus propios actos o por circunstancias fuera de su control. Él no se apartaba de los pecadores, ni de las mujeres sin estatus. En realidad, se metió en sus historias y en sus vidas de una manera que, además de ofrecerles esperanzas hace siglos, nos brinda aliento e inspiración en nuestros días.

Mujeres

ACUSADAS

Uno de los ejemplos más impactantes se halla en la historia de una mujer acusada de adulterio, que fue arrastrada ante Jesús cuando enseñaba en el patio del templo. Se nos cuenta que las personas se habían reunido a su alrededor para escuchar sus palabras, por lo que esta mujer estaba siendo denunciada frente a la multitud. En esos días, una acusación de adulterio requería testigos, por lo que a menudo me he preguntado cómo es que estos expertos de la ley y estos líderes religiosos (fariseos) dieron con ella. ¿Y qué pasó con el hombre con el que estaba? No tenemos esas respuestas, solo este desafío de los acusadores:

> Le dijeron: Maestro, esta mujer ha sido sorprendida en el acto mismo de adulterio Y en la ley nos mandó Moisés apedrear a tales mujeres. Tú, pues, ¿qué dices? Mas esto decían tentándole, para poder acusarle. Pero Jesús, inclinado hacia el suelo, escribía en tierra con el dedo (Juan 8:4-6).

Estas supuestas autoridades sabían mucho más de lo que decían. No hay dudas de que deben haber sabido que la ley exigía que *ambos*, el hombre y la mujer acusados de adulterio, fueran condenados a muerte (Levítico 20:10; y Deuteronomio 22:22). ¿Por qué, si estaban tan seguros de sus interpretaciones, siempre trataban de hacer tropezar a Jesús?

En lugar de caer en la trampa, Jesús empezó a escribir en el suelo con su dedo, según se nos dice. No sabemos qué palabras o dibujos hacía, pero sabemos que el cuestionamiento de los fariseos continuó. Cuando finalmente Jesús se paró para hablar, me imagino el silencio de la multitud, ahora en el borde de sus asientos por este giro inesperado. Dijo:

> El que de vosotros esté sin pecado sea el primero en arrojar la piedra contra ella (Juan 8:7b).

¡Ohhh! No dijo: *Tienen razón. La ley dice que deberíamos matarla ahora.* Podría haber dicho eso y mucho más. En cambio, dirigió la falsa religiosidad de la multitud hacia ellos: y, por cierto, ¡fue muy efectivo!

> Pero ellos, al oír esto, acusados por su conciencia, salían uno a uno, comenzando desde los más viejos hasta los postreros; y quedó solo Jesús, y la mujer que estaba en medio (Juan 8:9).

No hubo ninguna estampida para salir de allí mientras Jesús volvía a lo que fuera que estuviera escribiendo en el suelo. No. Seguramente suena como si estos expertos eruditos, avergonzados en silencio cuando oyeron sus palabras, se hubieran escabullido lentamente y sin hablar. No tenían respuesta. Nadie está libre de culpas, y ellos lo sabían.

Luego observamos una asombrosamente bella interacción entre Jesús y la mujer humillada públicamente y a punto de enfrentar una sentencia de muerte:

> Enderezándose Jesús, y no viendo a nadie sino a la mujer, le dijo: Mujer, ¿dónde están los que te acusaban? ¿Ninguno te condenó? Ella dijo: Ninguno, Señor. Entonces Jesús le dijo: Ni yo te condeno; vete, y no peques más (Juan 8:10-11).

Para dejarlo en claro, Jesús no estaba avalando su conducta. Pero condenarla habría sido como pronunciar un veredicto legal o una sentencia. Jesús indicó que ninguno de los expertos en la ley, ni los líderes religiosos, se había quedado para condenarla, y que Él tampoco lo haría. Sin embargo, la exhortó a que se volviera de su pecado. Le devolvió su dignidad y le dio una segunda oportunidad, como hace con nosotros cada vez que caemos.

La mujer de Juan 8 no fue la única mujer que Jesús confrontó específicamente con amor, y cuya vida reencauzó. La conversación bíblica más larga de Jesús con una mujer se encuentra en Juan 4. Lo más notable es que ni siquiera era judía, sino samaritana; una extranjera desde el punto de vista étnico y religioso. Prácticamente cualquier dictamen de la época habría prohibido que Jesús estuviera solo con una mujer, y también que le hablara a una samaritana. Existían grandes brechas de raza y género que establecían que esta conversación recogida en Juan no debía producirse en ningún sentido. Sin embargo, la Escritura dice que a Jesús "le era necesario pasar por Samaria" (Juan 4:4). El idioma griego habla de la "necesidad" de ir allí. Tengamos presente que los fariseos y otros se oponían tanto a cruzarse con los samaritanos, a quienes consideraban muy inferiores, que tomaban rutas muy complicadas y extremadamente incómodas para rodear Samaria en sus viajes. ¡No así Jesús!

No solo atravesó directamente Samaria, sino que Juan 4 cuenta que también se detuvo allí:

> Vino, pues, a una ciudad de Samaria llamada Sicar, junto a la heredad que Jacob dio a su hijo José. Y estaba allí el pozo de Jacob. Entonces Jesús, cansado del camino, se sentó así junto al pozo. Era como la hora sexta. Vino una mujer de

Samaria a sacar agua; y Jesús le dijo: Dame de beber. Pues sus discípulos habían ido a la ciudad a comprar de comer. La mujer samaritana le dijo: ¿Cómo tú, siendo judío, me pides a mí de beber, que soy mujer samaritana? Porque judíos y samaritanos no se tratan entre sí (Juan 4:5-9).

Una vez más Jesús derrocaba el pensamiento convencional de la época. Uno de los mensajes más claros, entre muchos que podemos extraer de este pasaje, es el siguiente: no hay lugar para el sexismo ni el racismo en el reino de Dios. El cristianismo implica alcanzar a la persona justo allí donde está, independientemente de las normas sociales.

También tomemos nota de la hora. Esta mujer estaba en el pozo con el calor del día, no a la hora en que la mayoría de las mujeres habría ido allí. La escena más común habría mostrado a las damas compartiendo el viaje, arrastrando sus vasijas o jarras pesadas, compartiendo las noticias o algún chisme, en algún momento más fresco del día. No era así con esta mujer. Fue cuando las condiciones eran tan desagradables que no habría tenido ninguna compañía. Como vemos, era una marginada, y aunque fuera otra "indeseable", era tan preciosa ante los ojos de Jesús, que Él intencionalmente fue a encontrarse con ella al lugar en donde estaba.

Jesús habló primero, y le pidió que le diera de beber. La mujer estaba atónita. ¿Qué hacía un judío (y probablemente era evidente que no se trataba de un simple judío, sino de un rabino) pidiéndole a ella de beber? Desde el punto de vista de los judíos, los samaritanos eran blasfemos, herejes, poco menos que idólatras. Practicaban una forma de judaísmo, pero no tenía nada que ver con la religión centrada en el templo que los judíos conocían. A Jesús no le importaba nada de esto. Había ido al pozo a hablar con esta paria:

Respondió Jesús y le dijo: Si conocieras el don de Dios, y quién es el que te dice: Dame de beber; tú le pedirías, y él te daría agua viva. La mujer le dijo: Señor, no tienes con qué sacarla, y el pozo es hondo. ¿De dónde, pues, tienes el agua viva? ¿Acaso eres tú mayor que nuestro padre Jacob, que nos dio este pozo, del cual bebieron él, sus hijos y sus ganados? (Juan 4:10-12).

Vale la pena detenernos aquí para destacar cómo Jesús le habló a esta mujer marginada. Es un método sobre el que sus discípulos le preguntaron varias veces. Siempre querían saber por qué Él hablaba de forma indirecta, con rodeos; mediante parábolas y metáforas. A menudo, con sus discípulos, era para estimularlos a pensar más en profundidad. Ellos serían enviados a compartir la verdad de Cristo con el mundo, pero para que eso sucediera, tenían que comprender completa y profundamente el corazón del mensaje de Jesús. No es necesario decir que había una curva de aprendizaje; no todo sucedía de golpe. Aquí podemos ver nuevamente la sabiduría de Jesús, cuando le habla a la mujer samaritana de una manera confusa al principio, pero que la lleva a comprender la verdad más profunda.

Jesús la estaba involucrando en la conversación, conociéndola y demostrando interés por quién era ella. El diálogo que comenzó originó una oportunidad de conexión y persuasión. No estaba allí para ganar un debate, sino para compartir una verdad. Ella llegó a comprender que Él realmente la vio, un ingrediente importante para todos los que nos esforzamos por compartir su mensaje. Esto la llevó a hacer una pregunta importante sobre el "agua viva"; una que Jesús estaba listo para responder:

Cualquiera que bebiere de esta agua, volverá a tener sed; mas el que bebiere del agua que yo le daré, no tendrá sed jamás; sino que el agua que yo le daré será en él una fuente de agua que salte para vida eterna (Juan 4:13-14).

La mujer estaba fascinada. ¿De qué rayos podría estar hablando este hombre? Quizás no lo comprendía, pero sí sabía lo que era tener sed. Ella sabía lo que implicaba tener que arrastrarse por el camino largo y polvoriento hasta el pozo, para conseguir esa preciosa ración de agua cada día. Si este extraño rabino tenía una manera mágica de asegurarse de que nunca tuviera que volver a hacerlo, ¡ella la quería!

La mujer le dijo: Señor, dame esa agua, para que no tenga yo sed, ni venga aquí a sacarla (Juan 4:15).

Obviamente Jesús y la mujer estaban hablando de peras y manzanas. Jesús le explicaba una verdad espiritual, y ella estaba completamente estancada en una realidad terrenal. Pero notemos que Él no trató de discutir con ella para sacarla de su posición. No le dijo: *No, ¿no comprendes que estoy hablando sobre teología?* En cambio, la guio a la conclusión que le cambió la vida para siempre.

A veces experimentamos lo mismo cuando encontramos a Jesús en el pozo. Para nosotros, eso significa adentrarnos en las páginas de la Escritura, o humillarnos en oración y sentarnos con Él allí. No tenemos que ser eruditos. Podemos llegar a entender sus lecciones más complejas mediante el estudio de su palabra y buscar su sabiduría en oración. De nosotros depende tomar los principios que encontramos allí y aplicarlos en nuestra vida cotidiana. Como dice: "Porque si alguno es oidor de la palabra, pero no hacedor de ella, este es semejante al hombre que considera en un espejo su rostro natural. Porque él se considera a sí mismo, y se va, y luego olvida cómo era" (Santiago 1:23-24).

Jesús hizo que la aplicación de su palabra fuera una conexión muy personal para la samaritana:

Jesús le dijo: Ve, llama a tu marido, y ven acá (Juan 4:15-16).

Oh, oh. Aquí es donde las cosas se pusieron muy incómodas para la mujer. Probablemente fuera ese el motivo por el que estaba en el pozo con el calor del día, sola:

Respondió la mujer y dijo: No tengo marido. Jesús le dijo: Bien has dicho: No tengo marido; porque cinco maridos has tenido, y el que ahora tienes no es tu marido; esto has dicho con verdad (Juan 4:17-18).

Jesús realmente la *vio*; Él la conocía. Ella no estaba lista para comprender la profundidad de sus palabras penetrantes... todavía no. Por eso, recurrió a un debate teológico:

Le dijo la mujer: Señor, me parece que tú eres profeta. Nuestros padres adoraron en este monte, y vosotros decís que en Jerusalén es el lugar donde se debe adorar (Juan 4:19-20).

Bueno, debes ser una especie de profeta especial, pero todavía ni siquiera estamos de acuerdo sobre los principios más básicos de la religión, le dijo. Jesús decidió dejar todo eso de lado. Lo que expresó luego era la clave de todo lo que le quería decir a esta desconocida:

Jesús le dijo: Mujer, créeme, que la hora viene cuando ni en este monte ni en Jerusalén adoraréis al Padre. Vosotros adoráis lo que no sabéis; nosotros adoramos lo que sabemos; porque la salvación viene de los judíos. Mas la hora viene, y ahora es, cuando los verdaderos adoradores adorarán al Padre en espíritu y en verdad; porque también el Padre tales adoradores busca que le adoren. Dios es Espíritu; y los que le adoran, en espíritu y en verdad es necesario que adoren (Juan 4:21-24).

Veamos entonces; lo que Jesús le dice no tiene que ver con el ritual, ni con el lugar. Está llegando el momento en el que a Dios le va a importar que lo sigan en espíritu y en verdad. ¡A nadie le va a preocupar en qué montaña estés cuando decidas darle gloria!

Bueno, dice ella, *te escucho, pero llegará alguien que aclarará todo esto*:

Le dijo la mujer: Sé que ha de venir el Mesías, llamado el Cristo; cuando él venga nos declarará todas las cosas. Jesús le dijo: Yo soy, el que habla contigo (Juan 4:25-26).

¡Nos detenemos aquí! Jesús decidió que este era el momento y el lugar para proclamar que era el Mesías, y a esta persona; una samaritana. No fue en las enseñanzas en el patio del templo. No estaba parado en una montaña con miles de personas pendientes de cada una de sus palabras. Estaba hablándole a una mujer que, según todas las costumbres de la época, ni siquiera debería haber sido tenida en cuenta. Sin embargo, Él se metió en su mundo y le arrojó una bomba de verdades; ¡y vaya si tuvo un efecto en cadena!

Primero, el regreso de los discípulos. La Biblia dice que los discípulos se sorprendieron de encontrar a Jesús hablando con una mujer, pero ninguno hizo preguntas incómodas sobre qué estaba haciendo. ¿Finalmente habían comenzado a internalizar el hecho de que Jesús no estaba sujeto a los estándares y expectativas del mundo? Gran parte de lo que hizo en su ministerio fue revolucionario, y esta vez ellos no intentaron cuestionar su criterio.

La mujer quedó tan sorprendida que dejó la jarra de agua y se fue corriendo: "Venid, ved a un hombre que me ha dicho todo cuanto he hecho. ¿No será este el Cristo? (Juan 4:29). Se trata de una mujer que había estado escabulléndose en las sombras, tratando de evitar los ojos acusadores de los demás. Ella sabía que la consideraban una fracasada, una fornicadora serial. Pero ahora había encontrado algo, alguien, tan radical y milagroso, que ya no quería seguir escondiéndose. Jesús no la venció sumando puntos en un debate acalorado. Se conectó con ella, se preocupó por ella, y la ayudó a descubrir una verdad sorprendente y que le cambió la vida.

Lo que Jesús le dijo fue increíble, pero más sorprendente fue lo que no le dijo. No le advirtió: *Para que puedas ser mi mensajera, debes deshacerte de tu novio ruin*. No le insistió para que acomodara su vida antes de que pudiera aceptar su mensaje. ¿Cuántos hacemos exactamente lo opuesto de lo que la samaritana hizo aquí? Si alguna vez tuviste la suerte de que alguien limpiara tu casa, ¿te apuraste a dejar todo limpio antes de que esa persona llegara, para que no supiera lo desordenado que realmente estaba tu hogar? Eso es lo que hacemos cuando pensamos que Jesús quiere que pongamos nuestra vida en orden para poder entrar, y comenzar a limpiar y reparar los defectos y los daños que tenemos. Es al revés. Jesús entra en nuestra vida para salvarnos y, a medida que obra en nosotros, nuestra vida comienza a parecerse más a la suya. La samaritana entendió el orden correctamente.

Juan 4 dice que muchos se convirtieron por su testimonio, y ese testimonio seguramente incluía las partes desabridas:

> Y muchos de los samaritanos de aquella ciudad creyeron en él por la palabra de la mujer, que daba testimonio diciendo: Me dijo todo lo que he hecho. Entonces vinieron los samaritanos a él y le rogaron que se quedase con ellos; y se quedó allí dos días. Y creyeron muchos más por la palabra de él (Juan 4:39-41).

Una mujer tan dañada y avergonzada que iba al pozo sola en el momento más abrasador del día se convirtió en la vasija para entregar las buenas noticias. ¡El Mesías había venido!

Que hermosa imagen de la gracia. Una y otra vez en la Escritura vemos que Dios Padre primero, y luego Dios en forma de Hijo, Jesús, usan personas que no están en los altos niveles sociales, como, por ejemplo, líderes religiosos estimados o élites aristocráticas. ¿Cuánta más gracia podemos otorgarnos unos a otros? ¿Y los nuevos creyentes que quizás no puedan diferenciar a Malaquías de Mateo, o que no saben bien cómo practicar la comunión? ¿Y los que no vienen con la ropa correcta, o todavía no dominan el lenguaje cristiano? En lugar de juzgarlos silenciosamente, o burlarnos de ellos, recordemos que cada uno es exactamente el tipo de persona que Jesús usó para darle vida a su mensaje. Es cuando estamos más desdichados y perdidos que lo necesitamos más. Qué alegría deberíamos tener al ver a alguien, o quizás a nosotros mismos, que encuentra el mensaje eterno de esperanza y verdad en el lugar de mayor pecado y necesidad.

Esas mujeres, la acusada de adulterio, y la otra, totalmente marginada y que vivía en una espiral descendente de pecado, no asustaron a Jesús. Las encontró en el lugar en donde estaban. Y sus historias fueron tan importantes que están incluidas en los Evangelios, no escondidas en alguna sórdida parte de su ministerio. ¡Para nada! Están destacadas, son famosas y nos brindan una lección de humildad y salvación para cualquiera que desee internalizarlas y vivirlas. No olvidemos que Juan 3:17 nos dice: "Porque no envió Dios a su Hijo al mundo para condenar al mundo, sino para que el mundo sea salvo por él".

Sí, todos nos quedamos cortos. Jesús no vino a pasar por alto el pecado. Vino a mostrarnos nuestros pecados y a pagar el precio en nuestro lugar. No vino a sentenciarnos a muerte, sino a salvarnos de ella.

Mujeres

NECESITADAS

Jesús también se preocupó por las mujeres que estuvieron en situaciones desesperadas por el lugar donde se encontraban en la vida, maltratadas y golpeadas por las circunstancias. En Lucas 7 tenemos evidencias, no solo de un milagro que desafió a la muerte, sino también de la profunda misericordia de Jesús por las mujeres tristes y angustiadas. Él y sus discípulos entraron al pueblo de Naín, y esta es la única vez que se lo menciona en la Biblia:

> Cuando llegó cerca de la puerta de la ciudad, he aquí que llevaban a enterrar a un difunto, hijo único de su madre, la cual era viuda; y había con ella mucha gente de la ciudad (Lucas 7:12).

Esta mujer estaba en una posición devastadora. No tenía esposo, y había perdido a su único hijo; posiblemente la única persona con una oportunidad real para mantenerla y cuidarla. La imagen que vemos aquí es de una mujer que caminaba en la procesión del funeral de su propio sucesor, destrozada por tanta tristeza y, probablemente, preocupada por qué le sucedería:

> Y cuando el Señor la vio, se compadeció de ella, y le dijo: No llores (Lucas 7:13).

Al igual que muchas otras mujeres que pueden haber parecido insignificantes en esos días, Dios la *vio*. Como con Agar y Lea, vio su miseria y completa desesperanza. Una traducción de la historia de la viuda de Naín dice que cuando Jesús la vio, "se sintió profundamente conmovido" (Lucas 7:13, BLPH). Sintió la desesperación, el dolor y el miedo humanos. Lo que hizo después envió ondas expansivas por toda la región:

> Y acercándose, tocó el féretro; y los que lo llevaban se detuvieron. Y dijo: Joven, a ti te digo, levántate. Entonces se incorporó el que había muerto, y comenzó a hablar. Y lo dio a su madre (Lucas 7:14-16).

Literalmente, Jesús le devolvió el hijo a su madre apesadumbrada. En este caso, ella ni siquiera se lo pidió, ni demostró tener fe en Él. Cristo simplemente estaba tan conmovido que se preocupó por esta mujer y convirtió su pesadilla en algo más real que sus sueños más disparatados. Y lo que hizo ese día fue mucho más allá de esa viuda devastada. Lucas 7:16 dice que "todos tuvieron miedo, y glorificaban a Dios". Antes, el texto dice que había muchas personas, tanto con Jesús cuando llegaba al pueblo, como en la procesión del funeral. Cuando todos vieron lo que había sucedido, no lo mantuvieron en secreto. "Y se extendió la fama de él por toda Judea, y por toda la región de alrededor" (Lucas 7:17). La historia de la viuda angustiada sirvió de escenario para un milagro que difundió el ministerio de Jesús a lo largo y ancho.

Jesús siempre puso la atención en las mujeres que deberían haber sido consideradas las más insignificantes de la sociedad, presentándolas como ejemplos a seguir. Tomemos la historia de la viuda, que vemos que se alaba tanto en Marcos 12 como en Lucas 21. Recordemos que, al ser viuda en esa época, era muy probable que tuviera problemas financieros, quizás sociales también, con pocos recursos y poco para ofrecer. No debe haber tenido posición social, protector, ni proveedor. Y sin embargo... Jesús nos señala esta mujer anónima dos veces en los Evangelios como modelo al que debemos aspirar a imitar.

Vemos que Jesús había estado enseñando en el patio del templo, un lugar donde los líderes religiosos del momento a menudo planteaban preguntas complejas "para que le sorprendiesen en alguna palabra" (Marcos 12:13). Igual que unos versículos más adelante, les advierte:

> Guardaos de los escribas, que gustan de andar con largas ropas, y aman las salutaciones en las plazas, y las primeras sillas en las sinagogas, y los primeros asientos en las cenas; que devoran las casas de las viudas, y por pretexto hacen largas oraciones. Estos recibirán mayor condenación (Marcos 12:38-40).

La frase "devoran las casas de las viudas" también podía referirse a propiedades o posesiones. Jesús les advertía que hasta los mismos líderes religiosos que deambulaban con grandes demostraciones de piedad les sacaban a las mujeres destituidas de lo más bajo de la escalera social. Es en este contexto que nos encontramos a la humilde mujer que Jesús eleva, una ilustración perfecta de Dios, que mira el corazón y no las apariencias:

> Estando Jesús sentado delante del arca de la ofrenda, miraba cómo el pueblo echaba dinero en el arca; y muchos ricos echaban mucho. Y vino una viuda pobre, y echó dos blancas, o sea un cuadrante (Marcos 12:41-42).

Me imagino la escena en que algunas personas de la alta sociedad orgullosamente desfilaban con ofrendas o donaciones opulentas, felices de hacerlo público y con no poca pompa. Sabían que todos estaban mirando, así como también miraba esta humilde viuda. Ella también se acercó a la caja de la ofrenda, sabiendo que todos podían ver que lo que ella ponía, y que prácticamente no tenía valor según los estándares humanos. Asimismo, eligió hacerlo frente a todos, con la expectativa de recibir cero reconocimientos, pero, quizás sí, cierto desprecio. Sin embargo, lo que obtuvo fue exactamente lo contrario. Tanto Marcos como Lucas destacan a la viuda y lo que sucedió después:

> Entonces llamando a sus discípulos, les dijo: De cierto os digo que esta viuda pobre echó más que todos los que han echado en el arca (Marcos 12:43).

¿Qué? Los discípulos ya sabían que Jesús no jugaba según las reglas del mundo. Después de todo, acababan de ver cómo los arrogantes líderes religiosos volvían a tratar de hacerlo caer en la trampa. Pero es probable que hasta a ellos les sorprendiera lo que Jesús había dicho. En comparación con lo "mucho" que ofrendaban, esta viuda había puesto un par de monedas descartables.

Pero Jesús la *vio*. Conocía su situación y quería asegurarse de que sus discípulos también la conocieran:

> Porque todos han echado de lo que les sobra; pero esta, de su pobreza echó todo lo que tenía, todo su sustento (Marcos 12:44).

Gran parte de lo que el mundo considera importante no significa nada en el reino de Dios. ¿Qué les costaba a esos donantes adinerados ofrendar esas cantidades? Aquí, la traducción en griego dice que daban "en abundancia", o "lo que les sobraba". Sin embargo, esta mujer, al final de la cuerda, no solo dio con sacrificio, sino que ¡dio lo único que tenía para vivir! La mujer que probablemente fuera invisible para muchos en el templo en ese momento, la persona que seguramente puso menos en la ofrenda, fue la estrella del programa.

Ella fue la que Jesús puso en el centro de atención, no solo para enseñarles a sus discípulos ese día, sino para que su historia pasara de generación en generación, induciéndonos a preguntarnos: ¿Realmente estoy dando de una manera que me cueste algo? ¿Estoy sacrificando algo de mi comodidad para apoyar lo que mi iglesia está haciendo en la comunidad: pagar la renta de alguien, poner alimentos en alguna mesa o proveerles vestimenta a algunos niños? Esta viuda, tan anónima que ni siquiera conocemos su nombre, es la que Cristo eligió para mostrarnos lo que es una verdadera ofrenda.

En todo el Nuevo Testamento, las mujeres ocupan el centro de muchas de las lecciones de Jesús. Él no estaba en la línea de tiempo de ningún ser humano, ni cumplía ningún manual de reglas sobre cómo se hacen las cosas. Como ya hemos notado, se volvió muy poco popular para muchos líderes religiosos de la época. No le importó; estaba en los negocios de su padre; aún si eso significaba sanar en un día de reposo.

Echemos un vistazo a dos mujeres por las que hizo eso, en conflicto directo con los mandatos religiosos estrictos del momento. Marcos 1 cuenta el pasaje en que Jesús enseñaba en una sinagoga en un día de reposo, echó fuera demonios y, luego, fue a la casa de Pedro. Allí, su suegra estaba en la cama con fiebre. Jesús no dudó en entrar:

Entonces él se acercó, y la tomó de la mano y la levantó; e inmediatamente le dejó la fiebre, y ella les servía (Marcos 1:31).

Lucas 4 dice que Cristo "reprendió" a la fiebre. Al instante, ella se sanó y se levantó.

En Lucas 13, Jesús usa otra sanidad de una mujer en un día de reposo, más pública aún, para dar una explicación. Encontramos allí la historia de una mujer que estuvo lisiada durante dieciocho años: "andaba encorvada, y en ninguna manera se podía enderezar" (Lucas 13:11). Una vez más leemos estas preciosas palabras: "Jesús la vio" (Lucas 13:12a). ¿Cuántas personas probablemente habían apartado la mirada de esta mujer durante los años, evitando el contacto visual y la conversación? Recordemos que, en esa época, muchos consideraban que la enfermedad era un castigo por el pecado. *¿Qué maldad hizo? No quiero que nada de eso se me pegue...* Sin embargo, Dios la miró directamente y la llamó:

Mujer, eres libre de tu enfermedad. Y puso las manos sobre ella; y ella se enderezó luego, y glorificaba a Dios (Lucas 13:12b-13).

Imaginemos su tremendo gozo. Jesús mismo no solo la había visto y llamado frente a toda la sinagoga, sino que ¡también la había liberado!

¡Adivina qué! No todos estaban fascinados. Lucas 13:14 dice que el principal de la sinagoga estaba "enojado" porque Jesús había sanado en un día de reposo. *¿Cómo se atrevía?* Le enseñó a Jesús que las personas podían ir cualquiera de los seis días establecidos para trabajar, pero que ni se les ocurriera aparecer para ser sanados un día de reposo.

Jesús no iba a dejar que el líder piadoso se saliera con la suya:

> Entonces el Señor le respondió y dijo: Hipócrita, cada uno de vosotros ¿no desata en el día de reposo su buey o su asno del pesebre y lo lleva a beber? Y a esta hija de Abraham, que Satanás había atado dieciocho años, ¿no se le debía desatar de esta ligadura en el día de reposo? (Lucas 13:15-16).

Jesús expuso la doble moral de ellos. ¿Estaba bien que dieran de beber a sus animales, pero no que Cristo liberara a una mujer de años de dolor y angustia?

El siguiente versículo dice que "se avergonzaban todos sus adversarios; pero todo el pueblo se regocijaba por todas las cosas gloriosas hechas por él (Lucas 13:17). Jesús abiertamente desafió las restricciones de la época, y las mujeres a menudo fueron el centro de una de sus lecciones más importantes: no se puede elegir las reglas legalistas en detrimento de las personas y las vidas reales que necesitan cuidado y redención.

Durante todo su ministerio, y más especialmente cuando sus milagros se volvieron más y más conocidos, Jesús cobró notoriedad. Al comienzo de este libro, conocimos una mujer desesperadamente necesitada: sin opciones, con una cuenta bancaria vacía y sin esperanzas. Durante años había padecido una enfermedad que le producía hemorragias que nadie podía curar. Tenía una fe enorme, que le dio frutos cuando fue sanada por el simple contacto con la ropa de Jesús y por creer que eso sería suficiente. Entonces, volvamos para conocer el resto de la historia. Esa mujer se había encontrado con Jesús cuando Él iba al hogar de un padre desesperado:

Entonces vino un varón llamado Jairo, que era principal de la sinagoga, y postrándose a los pies de Jesús, le rogaba que entrase en su casa; porque tenía una hija única, como de doce años, que se estaba muriendo (Lucas 8:41-42).

Es claro que Jesús iba en esa dirección, pero fue demorado por la mujer que necesitaba el milagro de sanidad. Apenas Jesús advirtió lo que había sucedido cuando la mujer tocó su manto, en lugar de castigarla o avergonzarla públicamente, la llamó "hija", alabó su fe y la envió por su camino. No sabemos cuánto tiempo duró esa interacción, pero fue suficiente para afectar el caso de la hija de Jairo:

Estaba hablando aún, cuando vino uno de casa del principal de la sinagoga a decirle: Tu hija ha muerto; no molestes más al Maestro. Oyéndolo Jesús, le respondió: No temas; cree solamente, y será salva (Lucas 8:49-50).

Es difícil imaginar la aflicción que Jairo debe haber sentido en ese momento, pero Dios en su soberanía sabía lo que vendría. Jesús le dijo "no temas", para pedirle a ese padre acongojado que tan solo creyera; y en base a lo que acababa de ver, apuesto a que estaba dispuesto a hacerlo. Sin que les importaran las noticias sobre la muerte de la niña, fueron hasta la casa de Jairo, donde aparentemente les aguardaba toda una escena. Como se esperaría después de la muerte de una joven, había personas que "lloraban" y "hacían lamentación" (Lucas 8:52). Jesús les dijo que dejaran de hacerlo, pues la niña solo estaba dormida. Observemos lo que sucedió después:

Y se burlaban de él, sabiendo que estaba muerta. Mas él, tomándola de la mano, clamó diciendo: Muchacha, levántate.

Entonces su espíritu volvió, e inmediatamente se levantó; y él mandó que se le diese de comer. (Lucas 8:53-55).

¿Cómo habrá sido ese momento para esta joven? Abrir de pronto los párpados y encontrarse rodeada de personas que lamentaban su muerte, para luego mirar a los ojos al hombre que acababa de traerla de vuelta a la vida. Era la encarnación viviente de un milagro, una historia que ella y su familia portarían durante toda la vida.

La historia de esta niña estará ligada por siempre a la de la mujer que demora a Jesús en el camino, cuando se acerca a Él con esperanza y, al mismo tiempo, desesperación. Ambas representan a los miembros más vulnerables de su sociedad, pero Jesús no consideraba que las mujeres eran seres indefensos. Cuando miró a la mujer con hemorragia, vio una persona de notable fe, coraje y autoridad. Vio a una hija de Israel orgullosa. Y cuando resucitó a la hija de Jairo, la llamó: "Talitha, qum" (Marcos 5:41). Siempre resulta hermoso encontrar el eco de la voz real de Jesús cuando usa el arameo, que debe haber sido su lengua cotidiana, como en el caso de esta simple orden, que se traduce como "Muchacha, a ti me dirijo: levántate". La mujer con flujo de sangre y la joven muerta recibieron el poder de Cristo para valerse por sí mismas; y Él hace lo mismo por nosotros.

En tiempos de contiendas, pérdida, ansiedad y confusión, sabemos que Dios está con y por nosotros. En las páginas de la Biblia, vemos una y otra vez cómo centra la atención en mujeres que tuvieron papeles fundamentales en el desarrollo de su plan. Que nos conceda el corazón de guerrera de Jael y Débora, el discernimiento de Sara y Agar, la esperanza inquebrantable de Raquel y Lea, la devoción de Tamar y Rut, el coraje veloz de Ester y Rahab, y la voz profética de María y Ana. Que también nos dé el amor que llenó la vida de las mujeres que Él mismo conoció y amó durante su vida en esta tierra: María y Marta de Betania, María Magdalena y su propia madre amada, María de Nazaret.

Como vemos en cada una de sus historias, las mujeres de la Biblia son únicas. Algunas fueron valientes y creyeron desde el comienzo. Otras se sintieron abrumadas e inseguras por la misión que las aguardaba. Algunas tenían puestos de poder importantes, mientras que otras eran marginadas. Algunas eran devotas, pero otras vivían en el pecado y el fracaso. Dios incluso usó una prostituta y una asesina, que, sin embargo, estaba donde Él providencialmente designó que estuviera y que tuviera lo necesario en ese momento. No importa si nos consideramos débiles, inadecuados, incrédulos o temerosos; por el contrario, es especialmente si nos consideramos débiles, inadecuados, incrédulos o temerosos cuando Dios nos asigna una misión.

Ya sea que te encuentres en una cima soleada, o atravesando un valle horrible, Dios está entretejiendo tu historia en su plan mayor. En su palabra resalta para nosotros mujeres que nos brindan inspiración y coraje para nuestra propia vida hoy. Y, cualquiera que piense que las mujeres del Antiguo o del Nuevo Testamento eran solo anotaciones al margen, no ha estado prestando atención. La mujer descripta en Proverbios 31 es el ejemplo perfecto. Ella corona de honor su hogar, hace tratos comerciales, trabaja "con voluntad" y se ocupa de todos los que están bajo su cuidado. Habla con sabiduría y no pierde el tiempo. Con la ayuda de Dios y los ejemplos que colocó en toda la Escritura, podemos vivir estas palabras:

> Fuerza y honor son su vestidura; Y se ríe de lo por venir (Proverbios 31:25).

Agradecimientos

Este proyecto nunca habría visto la luz sin los incansables esfuerzos de Michael Tammero y Hannah Long. Ustedes han guiado esta preciosa colección de historias poderosas, desafiantes y alentadoras ¡desde la teoría hasta la realidad!

Mary Grace DuPree, tus infinitas horas de trabajo e investigación sentaron las bases de este libro. El conocimiento y la experiencia que derramaste en él se hacen evidentes en cada página.

Jennifer Stair y Derrick Jeter, ustedes son regalos inesperados. Su profunda sabiduría y guía teológica han sido valiosas, más allá de cualquier medida terrenal. Estas mujeres y sus viajes cobran vida en estas páginas gracias a sus observaciones.

A todos los que oraron y me alentaron durante el proceso de redacción, les debo mi gratitud más profunda: Sheldon, Jeff, Lynne, Penny, Will, Debbie, Angie, Joel, Anna, Charlie, Sarah, Martha Ann, Molly, Jo, Christina, Olivia, y, por supuesto, mi Mamá.

Mi franco agradecimiento a Fox New Books por incluir *Las mujeres de la Biblia nos hablan* en su clase inaugural. Conozco estas historias de toda la vida, y, sin embargo, encontré una nueva inspiración al volverlas a estudiar. Ruego que los lectores de todo el mundo también encuentren fuerza y coraje en estas mujeres.

Índice

Sobre la autora

Shannon Bream es autora de *Finding the Bright Side*, conductora de Fox News @ Night, y corresponsal legal del canal Fox News. Ha cubierto casos importantes en la Corte Suprema, y campañas y batallas políticas tensas desde la Casa Blanca hasta el Congreso.